AF263667

SOUVENIRS

DE LA

CAMPAGNE 1870-1871

AUX BIENFAITEURS

DE L'ÉGLISE DE PLAINVILLE

L'Abbé STERLIN.

Prix : 1 fr. 20 c.

AU PROFIT DE L'ÉGLISE DE PLAINVILLE

ET DE L'ŒUVRE DE LA LIBÉRATION DU TERRITOIRE.

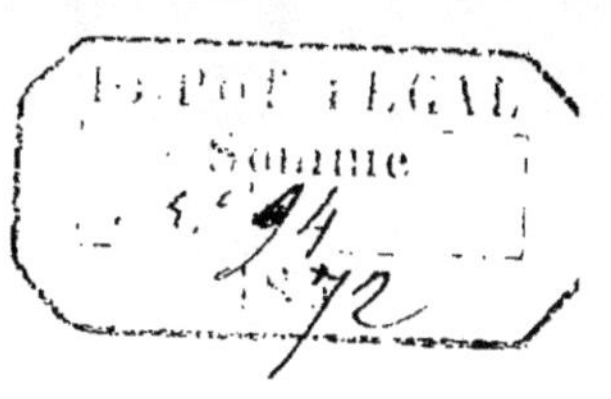

SOUVENIRS

DE LA CAMPAGNE

1870 - 1871

Montdidier (Somme). — Typ. A. RADENEZ.

M. L'ABBÉ L.-J. STERLIN

Né à Languevoisin (Somme), le 13 juin 1832

CURÉ ET PRINCIPAL FONDATEUR DE L'ÉGLISE DE PLAINVILLE (OISE)
1862-1871

AUMONIER DIVISIONNAIRE A L'ARMÉE DU NORD
PUIS A L'ARMÉE DU COTENTIN ET ENSUITE A L'ARMÉE DE VERSAILLES
1870-1871

Ego Ludovicus Ireneus Sterlin, Parochiæ vulgo dictæ, Plainville, diœcesis Bellovacensis Parochus, licet indignus, pedibus
Sanctitatis Tuæ humillime inclinatus, Apostolicam Benedictio-
nem pro meis parochianis, et pro parentibus meis, atque
etiam pro me, similiter et pro omnibus benefactoribus qui
pias eleemosynas ad ecclesiam novam in honorem Beati
Michaelis Archangeli ædificandam suppeditarunt, postulo.

Etenim hoc ædificium e veteri, aptissimum ad laudes Dei
Omnipotentis, Beatæ Mariæ Virginis atque Gloriosissimi Prin-
cipis Militiæ Celestis decantandas, cum nummis omnis Galliæ
fidelium tam divitum quam pauperum numero circiter decem
et octo millia, ædificatum.

Accipe ergo, Beatissime Pater, corda nostra, Sanctitati Tuæ,
amor altissimus dantia.

Et ego pro omnibus subscripsi.

Sanctitatis Tuæ,

L.-I. STERLIN,

Servus humillimus

Ecclesiæ Plainville Parochus.

12 Octobre 1866.

SS^{mo} D^{no} Nostro PP.

Pio Nono

Ex audientia Sanctissimi Die 28 Januarii 1867.

SS^{mus} benigne annuit pro gratia juxta preces.

B. Card. ROBERTI.

Je soussigné, Louis-Irénée Sterlin, curé, quoiqu'indigne, de la paroisse de Plainville, du diocèse de Beauvais, très-humblement prosterné aux pieds de Votre Sainteté, sollicite votre Bénédiction Apostolique pour mes paroissiens, pour mes parents et pour moi ; et aussi pour tous les bienfaiteurs qui ont donné de pieuses aumônes pour bâtir une nouvelle Eglise en l'honneur du bienheureux Archange Saint-Michel.

En effet, ce nouvel édifice, plus convenable que l'ancien, pour y chanter les louanges du Dieu Tout-Puissant, de la Bien-heureuse Vierge Marie, et du très-glorieux prince de la milice céleste Saint-Michel, se construit avec les offrandes d'environ dix-huit mille fidèles de la France, aussi bien pauvres que riches.

Recevez donc, l'hommage de nos cœurs, offrant,
Très-Saint Père,
à Votre Sainteté,
l'expression d'un profond amour,
et pour tous je me déclare
de Votre Sainteté,
le très-humble serviteur,

L.-I. STERLIN,
Curé de Plainville.

12 Octobre 1866.

A Sa Sainteté le Souverain
Pontife Pie IX,
De l'audience de Sa Sainteté du 28 Janvier 1867.

Sa Sainteté a accueilli avec bienveillance la supplique, et accordé l'objet de sa demande.

B. Cardinal ROBERTI.

HOMMAGE

AUX

BIENFAITEURS ET BIENFAITRICES

DE

L'ÉGLISE DE PLAINVILLE.

Je viens vous offrir, chers bienfaiteurs et chères bienfaitrices, ce petit volume. Son titre ne dit pas tout ce qu'il contient, car je vous mets sous les yeux plus qu'un récit de campagne.

Après les funestes événements qui ont étendu comme un immense voile de deuil sur toute la France; après avoir pleuré sur les douleurs de la Patrie, beaucoup d'entre vous désiraient connaître tout ce que j'avais éprouvé de fâcheux pendant le temps de nos désastres.

C'est pourquoi ayant reçu de nombreuses lettres contenant en substance les questions suivantes :

Que vous est-il arrivé pendant l'horrible guerre que nous venons de subir? Les prussiens ont-ils respecté votre Eglise!... j'ai adressé à quelques bienfaiteurs, une petite brochure, leur faisant brièvement connaître la position qui me fut assignée par la force des circonstances.

Mais pour répondre plus amplement aux questions précédentes, et à beaucoup d'autres qui me furent adressées depuis le jour où j'ai commencé mon OEuvre de Plainville, pour la construction d'une Eglise en l'honneur de Saint-Michel, et vraiment digne de Dieu et du prince de la milice céleste, l'archange protecteur de l'Eglise universelle et patron de la France, je me vois dans l'obligation de donner de plus longs détails sur Plainville.

Qu'il me soit permis, chers bienfaiteurs et chères bienfaitrices, de faire appel à toute votre indulgence en faveur de votre très-humble

serviteur tout-à-fait novice en l'art d'écrire ; et en même temps de
vous présenter mes lettres de bonne introduction dans les témoi-
gnages suivants :

22ᵉ Corps d'armée.

ÉTAT MAJOR-GÉNÉRAL.

« Le Général de division commandant le 22ᵉ corps d'armée certifie que M. l'abbé
« Sterlin (Louis-Irénée) curé de Plainville (Oise), a, pendant les mois d'octobre et
« de novembre 1870, rendu des services réels à la cause nationale, que pour ces
« services M. l'abbé Sterlin a été déféré devant un conseil de guerre prussien, et
« condamné à mort, sentence à laquelle, il a eu la plus grande peine à échapper en
« se réfugiant auprès de l'armée du Nord, à laquelle il a été attaché en qualité
« d'aumônier, suivant nomination du 27 novembre 1870.
« M. l'abbé Sterlin a fait toute la campagne d'hiver, assistant dans nos rangs
« aux divers engagements et batailles soutenus par le 22ᵉ corps, exposant sa vie
« pour encourager et secourir nos soldats sur les champs de bataille, les consolant
« dans les ambulances et les hôpitaux. En un mot, il a rempli avec le dévouement
« d'un excellent prêtre et le cœur d'un brave et loyal français, la mission qui lui
« avait été confiée.
« SAINT-LÔ, ce 8 mars 1871.

« *Le Général commandant le 22ᵉ corps,*

« LECOINTE. »

« Le Général de division, chef d'état-major général de l'armée du Nord et
« ensuite de l'armée du Cotentin, joint son témoignage à celui du général Lecointe
« en faveur du digne ecclésiastique qui s'est distingué entre tous par son patriotisme
« et son courage pendant la campagne du Nord.
« VALOGNES, le 9 mars 1871.

« *Le Chef d'état-major général,*

« FARRE. »

« Monsieur l'abbé Sterlin, aumônier militaire, m'a suivi volontairement pendant
« la campagne que la 1ʳᵉ division de cavalerie de l'armée de Versailles a faite sous
« les murs de Paris. Je n'ai qu'à me louer de son zèle en *toutes circonstances*, et
« je serai heureux de voir qu'il puisse être donné suite aux propositions faites
« pour les aumôniers pendant la campagne du Nord.
« VITRY SUR-SEINE, le 29 mai 1871.

« *Le Général de division,*

« HALNA DU FRÉTAY. »

PLAINVILLE, le 1ᵉʳ Novembre 1871,
Fête de la Toussaint.

PREMIÈRE PARTIE*.

PLAINVILLE DANS LES SIÈCLES PASSÉS.

Plainville faisait partie de l'élection de Montdidier, dans le Santerre, en Picardie, du doyenné de Davenescourt, annexe de la paroisse de Sérévillers, qui réservait une portion de son cimetière pour les habitants de Plainville. Cette commune est aujourd'hui du canton de Breteuil dont elle est à un myriamètre 2 kilomètres ; de Clermont, à 3 myriamètres 4 kilomètres ; de Beauvais, à 4 myriamètres 7 kilomètres ; de Montdidier, à environ 11 kilomètres ; et de la gare de Breteuil-Montdidier, chemin de fer du Nord, à 6 kilomètres. Ses anciens noms sont : *Plenivilla*, *Polevilla*, *Pelevilla* en 1178, *Peléville* en 1189. Entre Séresvillers et Plainville, on a trouvé des tuiles de fabrication romaine. Plainville était une des 40 terres à clocher qui relevaient de la puissante baronie de Boves. Les puits de cette commune ont 30 brasses de profondeur. On y comptait dans le siècle dernier 490 habitants, 84 feux en 1739 et 89 en 1750 ; il n'y en a plus aujourd'hui que 377 habitants qui sont bûcherons ou agriculteurs.

M. Gravet, qui nous a fourni les détails sur l'état actuel de la commune, lui attribue 116 francs de revenus.

Au dernier siècle, on comptait à Plainville 180 journaux de

(*) Ce petit travail se divise en trois parties :

La première due à la plume de l'un de nos érudits antiquaires de Picardie, M. GOZE, correspondant du Ministère des Beaux-Arts pour les monuments historiques, et du Ministère de l'Instruction publique pour les travaux historiques, comprend les détails historiques sur Plainville et les familles qui ont illustré la terre de Plainville dans les siècles passés.

Dans une deuxième partie, je donne une notice sur Plainville de 1833, époque de la démolition du château au mois de mars 1862, et sur les voies et moyens auxquels j'eus recours pour arriver à la construction de l'Eglise de Plainville.

La troisième partie comprend ma campagne aux armées du Nord, du Cotentin et de Versailles, et mon retour à Plainville.

bois, 60 de vignes et un moulin à blé. Le vin du vignoble était un peu dur ; pour qu'il fût amélioré, il lui fallait un an ou deux de séjour dans les caves de Montdidier. Le vin du clos du château était estimé plus que les vins des environs. Le marquis de Pas Feuquières ayant acquis la terre de Plainville par son mariage avec l'héritière des Monchy d'Hocquincourt, avait fait planter, sous les fenêtres du château, des meilleurs ceps des vignes de la Bourgogne ; le vin parût bon la première année, plus tard il contracta quelqu'acerbité. En 1724, Mme de Luzàn, alors propriétaire de la terre, fît arracher les vignes du château.

Les biens de main-morte sur le territoire de Plainville consistaient pour le curé de la paroisse en une dîme de 6 du 100 et 4 lots de vin par barrique, estimés 300 livres, et pour l'hôtel-dieu de Montdidier, en 2 journaux de bois à couper, estimés 45 livres.

M. Darsy, dans ses *Bénéfices de l'Église d'Amiens,* page 199, détaille ainsi les revenus de la cure de Séresvillers dont Plainville était une annexe : 3 journaux de terre de cure dont 2 sur Séresvillers et un sur Plainville : 20 livres pour les 5 1/9 de la dîme, produisant 50 sétiers de blé évalués à 154 livres ; 20 sétiers d'avoine, 41 livres ; 15 sétiers de seigle, lentilles, hivernache, 56 livres ; 15 sétiers de chenevis, 12 bottes de chanvre ; 18 livres 5 sous. Fourrage : 40 livres ; 15 barriques de vin à 18 livres : 270 livres ; obits et autres fondations : 69 livres ; casuel : 30 livres ; total 681 livres 5 sous. Frais de dîmes et de vendanges : 150 livres ; réparations du chœur de l'église et du presbytère : 35 livres, total 185 livres ; restaient 495 livres en 1729. Le curé de Séresvillers faisait sa résidence dans son annexe de Plainville. Le presbytère servit, dans des temps difficiles, d'asile aux R. P. jésuites Scellier et Guidée.

Les dénominations cadastrales sur Plainville, sont les suivantes : les Carrières, les Pleins-Vents, les Sablons, la Bellevue, le Château et le Parc, le Fief-du-vieux-Moulin, le Moulin, le Chauffour, la Petite-Argillière, la Justice ; un chemin s'appelle encore Chemin-des-Vignes.

Il y avait sur le territoire de Plainville un fief dit de Chépoix, qui a appartenu à M. de Gaillarbois de Marconville, seigneur de Chépoix et de Guny. Ce fief relevait des grandes tournelles de Montdidier.

Le caractère pacifique des habitants de Plainville leur a fait attribuer ce dicton picard : *chés pacamps de Plainville* (Glossaire picard par M. l'abbé J. Corblet, additions, p. 200).

Nous avons puisé les renseignements sur l'ancien état de Plainville, dans divers manuscrits, tels que ceux du R. P. Daire, de Scellier, de Montdidier, dont M. Victor Besse, pharmacien de cette ville, a eu l'obligeance de nous envoyer un extrait, et dans d'autres ouvrages, en particulier dans celui du R. P. Anselme.

Au treizième siècle, la terre de Plainville était possédée par la famille de Trie qui descendait des sires de Chaumont, au commencement du douzième siècle et qui portait d'or à la bande d'azur. Mathieu I de Trie, panetier et chambellan du roi, fonda la chapelle de Plainville ; cette fondation fût confirmée, en 1315, à Mathieu III, son petit-fils ; il y eut trois maréchaux de France dans la famille de Trie. Mathieu : l'un d'eux, époux de Catherine d'Airaisnes, assista à l'hommage rendu dans la Cathédrale d'Amiens, en 1329, à Philippe de Valois par Édouard III, roi d'Angleterre. En 1340, il donna la charte de commune au bourg d'Ault. Il mourut, en 1344, comblé de gloire et d'honneurs.

A la famille de Trie succéda celle d'Estourmel, originaire du Cambraisis et connue dès l'année 1024, Raimbold Creton d'Estourmel assista, en 1096, au célèbre tournoy d'Auchin où il se croisa pour la délivrance de la terre sainte, sous la conduite de Godefroi de Bouillon. Après la bataille du pont d'Antioche, plus de 200 Turcs s'étaient réfugiés et retranchés sous une des arches de ce pont. — Raimbold Creton d'Estourmel, quoique de petite taille, était plein de force et de courage ; il osa se jeter à la nage dans le fleuve rapide et profond de l'Oronte, attaquer seul à l'improviste les Turcs qui se croyaient en sûreté ; il en massacre la moitié et force les autres à se précipiter dans le fleuve. — Les assiégés aperçoivent Raimbold qui retournait en nageant, vers les chrétiens ; il devient le but de leurs traits, couvert de blessures, il perd ses forces, il est englouti dans le fleuve, mais tout à coup il reparaît ayant été débarrassé de sa pesante armure ; on vole à son secours et par des soins habiles, on le guérit de ses blessures.

Le 15 juillet 1099, il monte le premier à l'assaut de Jérusalem ; Godefroi de Bouillon ayant été proclamé roi de la ville sainte, fit présent à Raimbold d'un morceau de la vraie Croix, enchassé dans un reliquaire d'argent en forme de croix crételée. Ce reliquaire existe encore, ayant été transmis dans la famille d'aîné en aîné ; il a donné lieu à ses armes qui sont : de gueules à la croix crételée d'argent, avec la devise : *Vaillant sur la crète.*

Jean III d'Estourmel, quinzième descendant direct de Raimbold-Creton, rendit un immense service non-seulement à la Picardie, mais à la France entière, en contribuant à faire lever le siége que les impériaux avaient mis devant Péronne, en 1536. La place manquait de tout, lorsque le sire d'Estourmel s'y jeta avec sa famille, ses vassaux, son argent, sa vaisselle ; avec ses richesses il soudoya la garnison ; il fit entrer dans la ville les grains et les fourrages de cinq de ses plus belles terres ; il releva le courage des habitants qui attribuèrent à sa prévoyance et à sa sagesse la levée du siége. Chaque année, lors de la célébration de la fête instituée en mémoire de cet heureux événement, le prédicateur dans son discours, proclamait son nom avec éloge. Le roi François Ier le récompensa en le nommant son premier maître d'hôtel et surintendant des finances en Picardie, Champagne et Brie. Son petit-fils, Antoine, fut le chef de la branche dite de Plainville, qui occupa durant un siècle environ cette seigneurie, ainsi que celles de Broyes et de Coullemelle. Antoine d'Estourmel reçut ces terres de sa mère, Marie de Habarcq. Il fut chevalier de l'ordre du roi, de Saint-Michel, gentilhomme de sa chambre et député pour la noblesse du bailliage d'épée de Péronne, Montdidier et Roye, aux États-Généraux de Blois, en 1588. Il avait épousé, en 1567, Anne d'Espinay Saint-Luc, et en secondes noces Marie de Canaye.

La famille de robe de Canaye était très-ancienne ; Philippe de Canaye, sieur de Fresnes, abjura le calvinisme, fut ambassadeur à Venise et mourut en 1610.

Jean de Canaye, jésuite, professeur d'humanités, prédicateur assez renommé, mourut en 1670. C'est de lui dont il est parlé dans un ouvrage trouvé dans les papiers de saint Évremond, intitulé : *Conversations du maréchal d'Hocquincourt et du P. Canaye.*

L'abbé de Canaye, sieur de Montereau, oratorien, professeur de philosophie, mort à 88 ans, fut un membre très-distingué de l'Académie des inscriptions.

De sa première femme, Antoine d'Estourmel eut, en 1570, Charles, qui ne fut pas sans illustration. Il fut mestre de camp de mille hommes de pied, gouverneur de Corbie, capitaine de la compagnie écossaise et des gardes du corps, conseiller d'épée en tous les conseils d'État et privé. Il fut nommé aux États-Généraux de Paris, en 1614, député de la noblesse du bailliage de Péronne, Montdidier et Roye.

Il avait épousé, en 1599, Anne Gobelin ; plus tard, un membre de la famille Gobelin, marquis de Brinvilliers, eut le malheur d'être l'époux de Marie-Marguerite d'Aubray, si tristement célèbre. Ces époux avaient pris en affection l'ordre des Feuillants et furent les fondateurs du monastère de ces religieux, dans Amiens. Charles de Plainville commandait les arquebusiers à la prise de Ham, en 1595.

Pagès le cite parmi les seigneurs picards convoqués par le ban et l'arrière-ban qui se distinguèrent au siége que Henri IV mît devant Amiens, surpris par les Espagnols, en 1597 (tome IV, p. 239), il mourut sans enfants, en 1618, et par ses testaments, il demanda d'être enterré à Plainville, dans la chapelle où reposent ses ancêtres, et il légua tous ses biens à sa sœur Anne. (Voyez, pour plus de détails, la généalogie de la famille d'Estourmel, par l'abbé Decagny).

La famille d'Estourmel fut remplacée à Plainville, par celle de Monchy ; Drion de Monchy vivait en 1146 ; il accompagna à la croisade le roi de France Louis VII ; il portait pour armes : de gueules à 3 maillets d'or posés 2 et 1.

En 1558, Jean de Monchy, seigneur de Senarpont, était un des principaux officiers du duc de Guise, dit le *Balafré,* qui assiégeait Calais. Sous le déguisement d'un ouvrier employé aux fortifications, il s'introduisit dans la place, en étudia les points faibles et transmit au général français de précieux renseignements qui l'aidèrent à reprendre sur les Anglais, une ville qui, depuis deux siècles, leur servait de porte pour envahir la France.

Charles de Monchy, marquis d'Hocquincourt, maréchal de France, en 1651, fut seigneur de Plainville, Séresvillers, Broyes, Cardenois, etc. Il avait épousé, en 1628, Éléonore d'Étampes, qui mourut à Plainville, à l'âge de 72 ans, en 1679. Il rendit de grands services à la France dès 1622. En 1636, il fut gouverneur de Montdidier, Péronne et Roye ; c'est à cette époque que les

Espagnols, chassés par les habitants du pays de devant Mont-didier, incendièrent Plainville avec d'autres villages des environs. Malheureusement, il ne sut pas résister à l'influence malfaisante des troubles de la Fronde, prétendant avoir à se plaindre de là part de la cour de quelques injustices, il se jeta dans le parti du prince de Condé et passa avec lui du côté des Espagnols qu'il avait si souvent vaincus.

Il avait été entraîné dans les factions de la Fronde par Mme de Châtillon. Emporté par le délire de ses passions, il alla jusqu'à écrire à Mme de Montbazon : Péronne est à la belle des belles ! Mme de Motteville parle ainsi de lui : C'était un homme vaillant et de grand cœur, mais léger et facile à dégoûter ; il était bon Picard, franc cavalier et bon ami.

En 1658, il fut tué de cinq coups de mousquet devant Dunkerque dont Louis XIV faisait le siége. Son cœur fut porté à Notre-Dame de Liesse. Son fils, Georges de Monchy, commandait, en 1685, dans Péronne, lorsque son père voulut livrer cette place importante aux ennemis ; il n'hésita pas de faire tirer le canon contre ses troupes et l'obligea à se retirer ; il alla à Amiens se jeter au pied du roi, pour lui remettre le commandement de Péronne dont il se croyait indigne par le fait de la trahison du chef de sa famille. Le roi lui remit les clefs de la ville qu'il garda jusqu'à sa mort arrivée en 1689. Ses fils lui succédèrent dans le gouvernement de Péronne, Montdidier et Roye. Il épousa, en 1660, Marie Molé ; en 1664, il fit bâtir à Plainville un trés-beau château dont Le Nòtre dessina le parc ; le bâtiment était composé de deux corps de logis et de trois pavillons accompagnés d'une terrasse avec un réservoir. Cette noble résidence fut détruite, en 1833, par un reste de la bande noire.

Par la mort des fils de Georges de Monchy, sa fille unique Marie-Madeleine-Geneviève de Monchy, demoiselle d'Hocquincourt, hérita de tous ses biens. Scellier, de Montdidier, fait l'éloge de cette dame, qui était bien partagée du côté de l'esprit, de la sagesse, de la charité, de la noblesse et de la richesse.

Elle épousa, en 1695, Antoine de Pas, marquis de Feuquières, lieutenant-général des armées du roi, gouverneur de Verdun, colonel du régiment picard de Rambures. Le bourg de Pas, en Artois, était le chef-lieu d'une chatellenie, dont le possesseur était un des pairs du comte de Saint-Pol. Anselme Ier paraît en

1040 comme baron de Pas. Anselme IV se distingue dans les croisades et fait lever le siége de Daron, en Idumée, au sultan Saladin qui, en 1168, l'attaquait à la tête de 40,000 hommes. Guillaume de Tyr affirme que ce sultan jusqu'alors invincible aurait emporté cette place si elle n'avait eu pour défenseur le sire de Pas, *homme noble et vaillant* dans les armes et craignant Dieu.

Baudouin de Pas, chevalier banneret, prend part, en 1214, à la bataille de Bouvines.

François de Pas, accompagne à la cinquième croisade Hugues IV, comte de Saint-Pol, il rapporte en France le corps de son suzerain, mort dans l'expédition et le fait inhumer dans l'abbaye de Cercamps.

Jean II de Pas, meurt à la bataille de la Massoure, en Égypte, en combattant pour la défense de Saint-Louis.

Jean V de Pas, épouse, en 1320, Jeanne, dame de Feuquières-en-Harbonnières, Contalmaison, Flamerville et Ruisseauville. C'est à cette époque que la famille de Pas s'établit dans le Santerre et fit suivre son nom de celui de Feuquières.

En 1487, Antoine de Pas était panetier du roi Charles VIII. .

En 1567, Jacques de Pas, seigneur de Feuquières, gouverneur de Corbie, comparait à la rédaction des coutumes du bailliage de Péronne, Montdidier et Roye ; il est accompagné de son frère, Louis de Pas, seigneur de Rosières et de Martinsart. François de Pas, seizième descendant d'Anselme IV, est premier chambellan de Henri IV, maréchal de ses camps et armées ; deux de ses frères moururent pour le service du roi, l'un devant Paris, l'autre devant Doullens; lui-même, il est tué à la bataille d'Ivry, en 1590, et Voltaire, dans le chant VIII de la Henriade, célèbre cette mort glorieuse par ce seul vers :

Dans la foule des morts, il voit tomber Feuquières.

Henri IV, en apprenant cette perte sensible pour lui, s'écrie dans ce langage qui lui était particulier : Ventre saint Gris ! la race en est bonne ! N'y en a-t-il plus ? On lui répond que la veuve est enceinte. Eh bien ! reprend le bon monarque, j'accorde au ventre la même pension qu'au père. Cette pension de 1,000 écus permit à Manassès de Pas-Feuquières d'étudier assez fortement l'état militaire pour l'embrasser dès l'âge de treize ans. Il fut lieutenant - général des armées du roi, gouverneur de Metz, Toul, Verdun, Vic, Moyenvic, ambassadeur extraordinaire en Allemagne durant la guerre de trente ans ; il commanda deux fois en chef les armées du roi et contribua à la prise de la Rochelle. On avait une telle confiance en ses lumières, que lorsqu'il était malade, les Ministres tenaient le conseil près de son lit. Il fut blessé et fait prisonnier au siége de Thionville, et il mourut en 1640, au moment où le roi, ayant accordé une très - forte rançon pour racheter sa liberté, allait lui donner le bâton de maréchal de France et le nommer gouverneur du Dauphin, depuis Louis XIV.

Louis XIII passant un jour devant son château, dit en voyant l'état de délabrement de ce manoir seigneurial : ce pauvre Feuquières songe plus à faire la guerre qu'à accommoder sa maison. Feuquières fut érigé en marquisat, en sa faveur, lorsqu'en 1630, il eut acquis le reste de la terre d'Harbonnières. Ses mémoires sur ses négociations, en Allemagne, ont été imprimés en trois volumes.

Hiérosme de Pas-Feuquières, chevalier de Malte, fut fait trois fois prisonnier, en combattant les Turcs ; il mourut de ses blessures en 1622.

Isaac de Pas occupa tous les emplois de son père et de plus fut, pendant dix ans, vice-roi en Amérique et ambassadeur extraordinaire en Suède et en Espagne jusqu'à 1688, année de sa mort.

Antoine, fils d'Isaac, entra au service militaire à l'âge de dix-huit ans ; il fut blessé trois fois grièvement, et servit sous Turenne, Luxembourg, Catinat, Créquy ; le régiment de petit vieux qu'il commandait prit en son honneur le nom de Feuquières.

En 1701, il fut disgracié et privé de tout commandement, par suite de sa liberté à s'exprimer sur le compte de plusieurs généraux. Il utilisa ses loisirs, en écrivant d'excellents mémoires, dont Voltaire profita beaucoup pour composer son essai sur le siècle de Louis XIV.

Douze heures avant sa mort, il écrivait au roi la lettre suivante qui émut le monarque et le détermina à continuer les pensions du marquis à ses enfants :

« Sire,

« Après avoir mis devant les yeux de Dieu toute ma vie,
« que je vais lui rendre, il ne me reste plus rien à faire, avant
« de la quitter, que de me jeter aux pieds de Votre Majesté.
« Si je croiais avoir encore plus de vingt-quatre heures à passer
« en ce monde, je n'oserais prendre la liberté de vous écrire.
« Je sçay que j'ai déplu à Votre Majesté et quoy que je ne
« sçache pas précisément en quoy, je ne me crois pas moins
« coupable.

« J'espère, Sire, que Dieu me pardonnera mes péchés, parce
« que j'en ressens en moy mesme un repentir bien sincère.
« Vous êtes l'image de Dieu, et j'ose vous supplier de par-
« donner au moins à mon fils des fautes que je voudrais avoir
« expiées de mon sang. Ce sont celles, Sire, qui ont donné
« à votre Majesté de l'éloignement pour moy et qui sont cause
« que je meure dans mon lit, au lieu d'employer à votre ser-
« vice les derniers moments de ma vie et la dernière goutte
« de mon sang.

« Sire, au nom du Roy des Roys, devant qui je vais paraître,
« daignez jeter des yeux de compassion sur un fils unique
« que je laisse dans ce monde sans appui et sans bien; il est
« innocent de mes malheurs; il est d'un sang qui a toujours
« bien servi. Je prends confiance en la bonté de votre cœur,
« et après avoir encore demandé pardon, je vais me remettre
« entre les mains de Dieu à qui je demande pour votre Majesté
« toutes les prospérités que méritent vos vertus. »

Antoine-Charles de Pas-Feuquières, fils unique d'Antoine,
fut colonel du régiment de Bourgogne, infanterie ; il mourut
en 1729, laissant un fils qui ne lui survécut que d'une année.

Sa sœur, Pauline Corizande de Pas-Feuquières, épousa, en
1620, Joachim-Adolphe, marquis de Soiglière, de Boisfranc,
de Belleforière, de Soyécourt.

De Pas-Feuquières portait de gueules au lion d'argent.

M. le président de Luzan acquit la terre de Plainville avec
plusieurs autres des environs; son blason était d'azur au pé-
lican d'argent, ensanglanté de gueules, avec sa charité, sur
un tertre de sable.

En 1761, Mme de Luzan vendit les terres de Plainville,
Séresvillers, Broyes et du Cardonnois pour 360,000 livres, avec

20,000 livres de meubles à M. Pélerin, lieutenant-général de l'amirauté au Cap. Ce dernier possesseur du château de Plainville, avant la révolution, fit ajouter au château les magnifiques dépendances qui ont échappé à la démolition.

Pélerin portait: d'azur à la fasce d'or accompagnée en chef de 3 coquilles de même.

Peu d'années avant la grande révolution, M. Bayard, officier supérieur de l'armée d'Amérique, vint en France et acheta la terre de Plainville. Pendant la tourmente révolutionnaire, ce nouveau suzerain quitta le sol de sa patrie adoptive pour passer à l'étranger avec les émigrés. Revenu en son château après que le calme fut rétabli, M. Bayard édifia les habitants de Plainville, Broyes et Sérévillers par sa grande piété.

Chaque jour il se plaisait à distribuer d'abondantes aumônes aux nécessiteux de ces trois communes. Par suite de grands revers de fortune, M. Bayard ne put continuer à résider à Plainville.

Pendant la restauration le château fut vendu à M. de Beauvois qui l'occupa peu de temps. Puis vint un nouveau propriétaire, M. Chevrier-Chaudefort. Après ces changements si fréquents de propriétaire, le magnifique château de Plainville tomba aux mains d'une association dite *la Bande Noire*. Le marteau et la pioche accomplirent leur œuvre de destruction. Le magnifique parc dessiné par Le Nôtre, ne laissa plus que sa clôture comme souvenir, et les bois eux-mêmes furent défrichés pour mettre à nu ce qu'on croyait devoir être une terre riche et féconde, mais qui depuis ne présente qu'un sable aride et très-ingrat pour la culture.

DEUXIÈME PARTIE.

1833 à 1871.

Le château illustré par tant de nobles gentilshommes tomba sous la pioche des démolisseurs. Le soc de la charrue a bouleversé ce parc ravissant, dessiné par Le Nôtre, et une haie mutilée marque les limites autrefois assignées aux beautés de ce site.

Le bassin de la terrasse, le puits profond, le manége qui servait à monter l'eau, le château, les pavillons, tout a disparu.

Les bâtiments auxquels aujourd'hui encore on donne le nom de château, par allusion au passé, laissent facilement à penser ce qu'était l'antique manoir.

Dans l'ancienne chapelle construite vers la fin du seizième siècle et dont les débris en ruines vont bientôt disparaître, nous trouvons encore la partie réservée aux seigneurs. Aucun intérêt archéologique ne se rattache à cette construction qui n'offre rien de bien remarquable. Les murs sont faits en moellons blancs assez mal cimentés. Dans le chœur de la chapelle on voit une pierre tombale qui ne présente plus trace d'inscriptions. Les anciens du village disent que sous cette pierre reposent les restes de l'une des châtelaines de Plainville.

Les habitants de Plainville si longtemps édifiés par la piété de leurs seigneurs conservèrent dans leurs cœurs le souvenir de tant de bons exemples.

Le bien qui s'accomplissait autour d'eux ne devait pas tarir avec la démolition du château. Dieu envoya une pieuse famille pour continuer les traditions antiques, et chacun put se fortifier dans l'accomplissement de ses devoirs envers Dieu et envers le prochain au contact d'une âme éminemment chrétienne et pleine de charité.

La paroisse de Plainville, pendant que M. Bayard habitait le château, avait souvent reçu la visite de Mgr l'Evêque d'Amiens. Plus tard elle eut le bonheur d'entendre la parole du

Révérend Père Seillier. Plusieurs missions données par les Révérends Pères de la Compagnie de Jésus produisirent toujours d'excellents fruits de salut.

Ce fut dans cette bonne situation religieuse qu'un digne prêtre, M. l'abbé Merlu, trouva la paroisse de Plainville, à laquelle il fut nommé en 1837.

Il serait difficile de raconter ici toutes les œuvres entreprises par son zèle sacerdotal. Nous nous bornerons à citer la reconstruction du presbytère et les premières démarches faites en faveur de la construction de l'Eglise.

M. Merlu fut installé dans une misérable chaumière incapable de le défendre contre la pluie qui descendait librement un peu partout, contre les rigueurs du froid ou les excès de la chaleur.

Pour sortir de cette situation pénible, comment s'adresser à un budget communal très-pauvre? M. Merlu consultant son courage le trouva capable de remplacer cette misérable chaumière par une demeure plus confortable. Le voici donc frappant aux portes de ses paroissiens et leur demandant une petite part de leurs faibles ressources pour l'abriter contre les intempéries des saisons.

Comme toujours il se trouva un mauvais génie disposé à relever le mérite des démarches de M. Merlu, et à donner plus de prix aux sacrifices, que de concert avec ses paroissiens, il sut s'imposer. Après bien des épreuves les unes plus pénibles que les autres, le presbytère tant désiré fut construit.

Hélas! une carrière dont les débuts promettaient de magnifiques résultats pour l'avenir, se trouva bientôt brisée par une très-longue et très-douloureuse maladie.

Au milieu de ses souffrances le digne prêtre nourrissait un espoir qui relevait son courage. Il fallait bâtir l'Eglise : son grand bonheur était de concevoir les plans, de travailler tout le projet. « Bientôt disait-il, je serai guéri et je pourrai mettre mon dessein à exécution. » Se souvenant du Prince né le jour de la Saint-Michel, il lui adressa une supplique en faveur d'une œuvre si grandiose.

Voici quelle fut la réponse d'un cœur prêt à toujours donner.

Paris, 1er Février 1850.

« Monsieur le Curé,

« La supplique que vous avez adressée à M. le comte de « Chambord est exactement parvenue. Le Prince a accueilli

« la demande qu'elle contenait, il l'a accueillie avec cet em-
« pressement qu'il est si heureux de mettre à tout ce qui
« peut honorer notre sainte religion, ou intéresser ses dignes
« Ministres.

« Il a fait connaître à M. le marquis de Pastoret qu'il dé-
« sirait qu'une somme de deux cents francs fût mise à votre
« disposition, afin de contribuer, autant que les circonstances
« le lui permettaient, à l'érection dans votre Eglise, d'un
« autel en l'honneur de l'Archange Saint-Michel. Si vous
« voulez bien, M. le Curé, me faire l'honneur de m'indiquer
« par quelle voie vous désirez que cette somme vous soit
« adressée, j'emploierai sur-le-champ celle que vous m'aurez
« fait connaître.

« Veuillez agréer, Monsieur le Curé, mes sentiments aussi
« dévoués que respectueux. »

« A. LEMESLE. »

Cette lettre vint enflammer les désirs si brûlants de M. l'abbé
Merlu. Après s'être mis à couvert, il voulait donner à son
divin Maître, une demeure de laquelle n'eussent pas à rougir
même les enfants des hommes.

De toutes parts, des palais somptueux, des résidences prin-
cières, des demeures où le faste s'étalait au grand jour, et le
roi des rois, le seigneur des seigneurs, l'auteur de toutes
choses n'avait pour résidence qu'une ruine. Le digne prêtre
ne pouvait supporter un tel état de choses, il rêvait un sanctuaire digne de son Dieu, digne de son premier Ministre
l'Archange Saint-Michel, digne enfin de la bienheureuse Vierge
Marie, patronne de Plainville, sous le vocable de Notre-Dame
de l'Assomption.

A tous ceux qui venaient le consoler pendant la durée de
sa maladie, il aimait à parler de sa future Eglise ; et c'est
au milieu de ses saintes espérances que se consumaient des
jours si pleins de promesses pour l'avenir.

Aux lueurs des derniers jours et sur le seuil de l'éternité,
quelle ne dût pas être sa douleur, de ne pouvoir offrir à Dieu
ce présent qui l'eut aidé si puissamment à entrer dans les
tabernacles éternels !...

Dieu accepta la bonne volonté de son fidèle serviteur, et
une vie sacerdotale toute remplie de bonnes œuvres, de pieux

exemples, de touchantes exhortations, s'éteignit au moment où elle promettait de produire d'abondants fruits de salut.

La paroisse de Plainville pleura longtemps et pleure encore ce pasteur selon le cœur de Dieu.

Au cimetière un modeste monument élevé par la reconnaissance des paroissiens indique que là en attendant le réveil du Juste, gît l'abbé Merlu, décédé curé de Plainville, le 7 mars 1854, dans sa quarante-deuxième année.

M. l'abbé Denant vint après M. Merlu ; mais avec une santé trop délicate, il ne lui était pas facile de reprendre et poursuivre une œuvre si chère au cœur de son prédécesseur ; néanmoins, après maintes réflexions, M. l'abbé Denant examina ce qu'il pourrait faire, et dans sa pensée ne pouvant dépenser les forces qu'il ne possédait pas, il résolut au moins de destiner une partie de son patrimoine à l'accomplissement d'une œuvre si digne de son attention. Ici encore, la maladie, puis la mort, vinrent mettre arrêt à tous les projets. M. l'abbé Denant rendit son âme à Dieu le huit octobre mil huit cent soixante, à l'âge de quarante-et-un an.

La paroisse de Plainville fut ensuite confiée à un très-digne prêtre, dont la parole convaincue produisit d'heureux résultats dans les âmes.

Pendant les quelques mois de son ministère à Plainville, M. Tissot, notre aimé prédécesseur, ne put songer sérieusement à poursuivre des projets nourris si amoureusement par M. l'abbé Merlu.

Ce fut dans cet état de choses que nous trouvâmes Plainville en mars 1862. Sur les instances réitérées de nos bienfaiteurs qui se comptent dans les rangs de nos confrères, des religieux, des religieuses, des hommes et des femmes appartenant à toutes les classes de la société, je vais dire tout ce qu'il fallut oser, tout ce qu'il fallut entreprendre de travaux multiples pour poursuivre l'œuvre chère aux cœurs de mes prédécesseurs et la conduire à bonne fin.

Je serais profondément humilié si quelqu'un voyait dans ce récit le désir de me glorifier : *non nobis Domine, non nobis, sed nomini tuo da gloriam* (Ps. 113). Faites éclater votre gloire, non pas pour nous, Seigneur, mais uniquement pour votre nom.

Le 14 mars 1862, après vingt-huit mois de ministère, je

quittais une paroisse, ma première, à laquelle je m'étais sincèrement attaché, pour me transporter à Plainville.

Le cérémonial de l'installation différa peu de ce qui se passe
ordinairement en pareille circonstance. M. le Maire me félicita
de mon arrivée et me souhaita de passer de longs jours au
milieu de ma nouvelle famille.

M. le Lieutenant des Pompiers prit la parole à son tour et
me dit combien il était heureux de me voir entouré par ses
hommes courageux toujours prêts à combattre le fléau des-
tructeur, et toujours empressés à embellir par leur bonne tenue
nos cérémonies religieuses. M. le Lieutenant des Pompiers
traça son programme pour l'avenir, et certes il promettait
beaucoup. Comment donc ne pas se réjouir? Comment ne pas
espérer, même contre toute espérance, voir se réaliser un jour
des desseins formés depuis longtemps et dont j'avais à peine
eu le temps de connaître l'existence.

Insensiblement je fus amené à apprendre tout ce qu'on avait
attendu dans le passé ; et d'ailleurs le misérable état de l'Eglise
parlait assez haut.

Après trois bons mois de réflexions je m'offris résolûment
à notre bon et bienveillant Evêque, pour commencer une entreprise que je soupçonnais devoir lui être chère ; Monseigneur
connaissant tout particulièrement la population de Plainville
qu'il visitait souvent.

Mais mon cher enfant, comment pourrez-vous bâtir une
Eglise à Plainville? Vous n'avez pas d'argent et vous devez
savoir combien il est difficile d'en trouver? Sur mon ins-
tance, Monseigneur me donna une lettre que tous nos bienfaiteurs connaissent. C'est avec cette arme, avec la prière,
une confiance illimitée et une espérance inébranlable, que
je risquais mes premières démarches.

Tendre la main pour solliciter est toujours pénible, même
lorsqu'on est pas soi-même le but de la sollicitation. Pour faire
mon apprentissage dans ce rude métier de quêteur dont tous
ceux qui l'ont expérimenté connaissent les déboires, je m'a-
dressais à Madame la comtesse de Béthune, à Compiègne.

Mes relations antécédentes avec cette respectable dame toujours disposée à ouvrir sa bourse en faveur des pauvres et des
œuvres de charité, devaient m'enhardir, du moins je le pensais; mais lorsqu'il fallait aborder la question, je me troublais,

la rougeur me montait au front et je me retirais sans oser introduire ma demande. Il fallut cependant vaincre toute répugnance et me décider enfin à une troisième visite, à exposer ma situation.

Madame de Béthune m'encouragea de son offrande et de ses conseils, et sur sa recommandation je continuais ma quête auprès des personnes qui pouvaient le plus charitablement m'accueillir.

De Compiègne je pris mon essor vers d'autres villes, et une fois bien entré dans la voie, je formais la résolution de n'en plus sortir. Cest ainsi qu'après ces débuts j'arrivais un jour à compter près de deux mille francs dans ma caisse. Mais que pouvaient faire mes deux mille francs lorsqu'il s'agissait de construire entièrement à neuf? Encouragé par ces premiers succès, je pris un abonnement au chemin de fer du Nord, et pendant un an je me rendis chaque lundi matin dans l'une des villes du réseau pour revenir le samedi soir dans ma paroisse. Bien souvent je dus prendre sur la nuit pour effectuer soit l'aller, soit le retour.

Lorsque je sonnais à une porte, je savais à l'avance qu'un accueil favorable me serait réservé ; dix fois, quinze fois, et souvent même davantage, dans une seule journée, il me fallait recommencer un même exposé , très-heureux lorsque mon plaidoyer gagnait une offrande à l'œuvre et un mot de sympathie à l'ouvrier.

Parfois l'accueil était extrêmement froid , et le : nous ne pouvons rien faire pour cette œuvre, accompagné de certaines réflexions blessantes, apportait un peu de découragement.

Une bonne prière dans la plus proche Eglise ramenait le calme, et l'orgueil froissé s'effaçait pour laisser place à la plus entière confiance.

Cette vie de courses hebdomadaires devait s'arrêter, et lorsqu'à la fin de 1863 je fis l'addition de mes recettes, je me trouvais un petit trésor, mais hélas bien insuffisant encore ! Il fallait donc aviser et former de nouveaux plans pour arriver aux fins que je me proposais.

J'eus recours à la publicité, priant Saint-Michel de diriger mes petites feuilles et de toucher les cœurs des lecteurs. Les circulaires sortirent du presbytère de Plainville par centaines de mille, implorant une légère aumône, demandant une petite pierre, un grain de sable, un petit rien, et chaque jour les lettres les plus encourageantes arrivaient et disaient : c'est bien M. le Curé, vous voulez faire connaître et honorer davantage Saint-Michel , nous ne pouvons que vous applaudir et vous encourager par le faible secours que nous vous adressons.

Ces lettres venaient des riches, des pauvres, des vrais catholiques, de tous ceux dont la bourse s'ouvre toujours lorsqu'il y a du bien à faire. Des protestants, des juifs, des musulmans, ont voulu honorer Saint-Michel : que le grand Archange daigne récompenser toutes ces âmes généreuses !

Dans les correspondances se trouvait bien un petit revers de médaille ; à côté et au milieu de tant de sympathies se glissaient quelquefois les plus grosses injures et les plus sottes plaisanteries. Nous acceptions tout avec joie , l'argent pour l'Eglise et le reste pour notre profit personnel comme l'excellent contre-poison de la vanité !

Deux années s'écoulèrent ainsi à butiner dans le vaste champ de la charité. Vint enfin le moment de puiser dans le petit trésor pour l'achat des premiers matériaux et leur mise en œuvre. Je ne possédais pas le quart de la somme nécessaire pour conduire l'entreprise à sa fin ; néanmoins avec plus de confiance que de prudence, m'en remettant aux mains de la Providence pour l'avenir, je fis poser solennellement la première pierre le 24 avril 1866.

Ma confiance ne fut pas trompée, car depuis mars 1866 jusqu'à fin novembre 1867, les travaux se poursuivirent activement. A partir de ce moment il fallut tout arrêter à cause de la mauvaise saison , et aussi parce que mes ressources étaient épuisées. Les murs étaient faits, la charpente montée; on fit une partie de la couverture.

Pendant dix-huit mois il fut impossible de reprendre les travaux, l'argent manquait, des dettes étaient contractées, et cette fois, la prudence commandait instamment de ne pas avancer davantage sous peine de sombrer.

Alors, je vous fis un nouvel appel, chers bienfaiteurs, puis je repris la besace du quêteur, et j'allais de nouveau pendant plusieurs mois solliciter de nouveaux secours. Cette fois j'utilisais même le temps de mes voyages, et en wagon je tendis ma bourse et avec quelque succès, puis il fallut rester au presbytère et prier Saint-Michel de vouloir bien s'occuper plus que jamais de toucher les cœurs s'il voulait que l'Eglise commencée en son honneur arrivât à son complet achèvement.

C'est ainsi que s'écoula l'hiver de 1868-1869, et notre glorieux patron fit si bien qu'au printemps on put reprendre les travaux pour les continuer sans interruption jusqu'au mois de juillet 1870.

L'Eglise reçut sa première bénédiction le 29 septembre 1869. Le 25 décembre de la même année, elle était définitivement livrée au culte, et le mobilier commençait à se placer.

Une sonnerie de cloches en acier fut bénite le 17 janvier 1870 devant une très-nombreuse assistance, environ trois mille personnes.

Quelque temps après, les bancs vinrent s'aligner pour permettre aux fidèles d'assister commodément aux offices. Les ouvriers terminèrent les ravalements et tout ce qui restait à faire au gros œuvre. Cette fois encore je comptais sur des secours qui ne m'avaient jamais fait défaut. Pour l'avenir je m'appuyais sur le passé, et je me disais que les dons arriveraient pour combler mon déficit. Mais survint la triste guerre avec la Prusse, et bientôt toutes les relations se trouvèrent rompues. La charité ne pouvait s'exercer désormais qu'envers nos pauvres blessés, et toutes les misères qu'entraînait les maux de la guerre.

J'en étais là lorsque ma position se trouva tout-à-coup modifiée comme il est dit dans les pages qui vont suivre.

TROISIÈME PARTIE.

MA CAMPAGNE D'OCTOBRE 1870 A MAI 1871

ET MON RETOUR A PLAINVILLE.

Depuis longtemps mon âme éprouvait toutes les douleurs qui torturaient les âmes vraiment françaises.

Jamais le moindre succès pour nos armes, et si parfois une dépêche écrite pour ranimer nos courages abattus, s'étalait fièrement dans les colonnes de nos journaux, notre confiance ébranlée par les funestes coups du sort, lisait à travers les lignes, et chacun se disait : nous serions heureux de pouvoir ajouter foi aux dépêches, mais non, car demain nous serons informés d'un revers. Et c'est ainsi que s'écoulaient les longs et pénibles jours de notre infortune.

Au début de la guerre j'avais un ardent désir de m'enrôler parmi les aumôniers militaires, et de courir, au milieu des dangers, porter secours aux victimes atteintes par le fer et le plomb. Mais mon Eglise me laissait une très-forte somme à payer. Tout l'espoir de mes créanciers reposant sur mon existence, il eut été cruel de les plonger dans l'inquiétude. Je restais donc pour prier Dieu et son premier Ministre l'Archange Saint-Michel, de prendre pitié de notre chère Patrie.

Un soir d'octobre par une nuit noire et froide, je gémissais sur nos malheurs, lorsque l'on vint frapper discrètement à la porte du presbytère : ouvrez, s'il vous plaît, M. le Curé, c'est un Officier français qui vient faire appel à votre patriotisme.

La sympathie ne fut pas longue à s'établir entre le très-brave commandant Bayle et M. le Curé de Plainville. Il s'agissait de mettre à couvert la brave compagnie chargée sous le commandement de M. Bayle, de se tenir en observation dans nos dernières lignes, de surveiller exactement tous les mouvements de l'ennemi entre Montdidier (Somme) et Beauvais

(Oise), arrêter autant que possible les réquisitions faites par l'ennemi, et dans les rencontres avec les patrouilles de uhlans faire bravement le coup de feu.

Donc, en quelques mots, M. Bayle me fit connaître la mission qui lui avait été confiée par M. le général Paulze d'Ivoy, commandant alors les forces réunies à Amiens, lesquelles formaient une portion de l'armée du Nord.

Pour éviter toute surprise, la compagnie Bayle composée de mobiles du Gard, était restée en dehors du village sous la garde du capitaine Jourdan. Trouver un gîte, faire préparer tout ce qui pouvait reconforter nos jeunes soldats, fut l'affaire de quelques instants.

Pendant que M. Bayle allait chercher ses hommes; de concert avec quelques habitants de Plainville et avec M. l'instituteur, nous préparions une réception cordiale à nos mobiles du Gard. Lorsque tous se livraient au repos, M. Bayle et moi, tracions sur la carte la direction que prendrait chaque petit détachement pour opérer ses reconnaissances.

Dès le lendemain, malgré la terreur inspirée un peu partout par les proclamations des chefs prussiens, nous trouvions à Plainville des guides sûrs parmi les habitants pour diriger la marche des compagnies de reconnaissance.

Honneur à ces courageux paroissiens qui n'ont pas craint de s'associer ouvertement à notre dévouement envers la Patrie.

Pendant six semaines, Plainville en raison de sa position stratégique (1) devint le centre des opérations de reconnaissance, et le presbytère fut choisi par les Officiers dont les compagnies opérèrent dans nos contrées, comme rendez-vous général.

La compagnie Bayle se porta sur la droite vers Breteuil-sur-Noye et Froissy pour observer Beauvais. Les deux compagnies François, des mobiles du Nord, et Fichet, des mobiles du Pas-de-Calais, s'étendirent sur la gauche vers Compiègne, en observant la route de Montdidier à Saint-Just, et conservèrent toujours à Plainville le centre de leurs opérations.

Lorsque toutes nos petites troupes étaient en marche, les rapports m'arrivaient en mains, j'y ajoutais ceux que me com-

---

(1) Plainville est protégé par les bois de Sérévillers, de la Hérelle et Sains-Morainvillers.

muniquaient des éclaireurs volontaires qui se dévouaient pour aller jusques chez nos ennemis à Beauvais, à Clermont et partout où ils pouvaient trouver des renseignements utiles et précieux. Les rapports des diverses reconnaissances étaient chaque jour adressés à M. le général Paulze d'Ivoy, à Amiens.

Parmi les personnes qui se sont le plus dévouées dans cette mission périlleuse, nous devons citer (et leur modestie ne devra pas s'en offenser) M. Wallet Charles, de Gannes, et M. Picot Louis, d'Ansauvillers.

Cette petite organisation agaçait nos ennemis et déplaisait beaucoup autour de nous à quelques personnes, qui, par peur, par prudence, ou pour des motifs inavouables, faisaient leur cour aux prussiens.

Aussi nous fûmes bien vite signalés, et je fus moi-même plusieurs fois dénoncé comme coupable de patriotisme. On alla même jusqu'à désirer l'arrivée des prussiens pour me punir en obusant mon Eglise, et pour châtier ceux de mes paroissiens coupables d'avoir partagé mes sentiments patriotiques. Et ces coupables étaient MM. les membres de la municipalité et beaucoup d'autres avec eux.

Mais comment quelques uhlans auraient-ils pu accomplir cette tâche? Ces braves pillards étaient hardis lorsqu'ils n'avaient qu'à effrayer de paisibles habitants et à les rançonner à merci. Mais pour s'attaquer à des soldats pleins de résolution (et ces soldats étaient de jeunes mobiles que les prussiens ne méprisaient pas toujours), il fallait venir en force.

La prémière démonstration se fit avec 700 hommes et quatre pièces de canon. Cette colonne sortit de Clermont de l'Oise, s'arrêta à Ravenel, village situé en avant de Saint-Just-en-Chaussée, cerna ce village et fit prisonnier quelques soldats blessés dans les premières batailles et soignés à l'ambulance organisée par Mme de Ratisbonne. Ce fut le grand exploit de la journée pour nos vainqueurs.

A Plainville, le capitaine Fichet tint conseil avec ses officiers et il fut décidé que 140 hommes ne pouvant tenir contre 700 hommes et quatre pièces de canon, il était prudent de se retirer un peu vers Amiens.

Pendant que les prussiens festoyaient à Ravenel et buvaient à leur triomphe en général et à celui de ce jour en particulier, avec la compagnie Fichet, je me dirigeais pendant la nuit, sur Pierrepont, où nous arrivâmes vers minuit.

Là, le plus gracieux accueil nous était réservé: M. Rousseau, Maire de Pierrepont, se mettait tout à notre disposition, notre troupe était logée et nous pouvions prendre quelque repos.

A partir de ce jour je dus rester avec nos troupes. Nos éclaireurs signalaient l'arrivée de l'armée de Manteuffel, et comme en raison de mon patriotisme, ayant été dénoncé six fois aux prussiens, une sentence de mort était prononcée contre moi, je dus prendre mes précautions pour éviter de tomber aux mains de l'ennemi.

Donc toujours avec la même compagnie de reconnaissance nous revînmes pour quelques jours encore nous installer au presbytère de Plainville, nous tenant plus que jamais parfaitement gardés. Nous étions revenus depuis deux jours, lorsque le dimanche 20 novembre, dix-sept cavaliers ennemis furent signalés se dirigeant sur Plainville, aussitôt le capitaine-commandant prend 40 hommes et avec eux je marche au-devant de l'ennemi.

Notre petite troupe était pleine d'entrain, nous sentions que chacun ferait bravement son devoir, et déjà nous comptions dans notre pensée le nombre de casques, de lances, de pistolets plus ou moins à pierre, que nous pourrions mettre en trophée. Le meilleur cheval m'était destiné. Nous en étions là au beau milieu d'une rapide marche en avant, lorsque des paysans informèrent les cavaliers de notre approche. Oh ! alors... adieu à nos rêves de gloire, à notre espoir d'un partage de dépouilles... les cavaliers fuyaient, fuyaient, fuyaient...

Il fallait cependant trouver une compensation à notre désappointement, et voici ce qui fut arrêté après délibération.

Qu'à cinq heures du soir le capitaine-commandant Fichet donnerait ordre de faire les sacs, rouler les toiles et couvertures, et préviendrait sa troupe de se tenir prête à se mettre en marche vers six heures du soir, en informant chaque homme que le départ de Plainville était définitif, et ceci, pour tromper les espions qui résidaient autour de nous ; car dans la nuit, de trois à quatre heures du matin, chaque détachement rentrait après avoir opéré les reconnaissances commandées.

M. le capitaine Fichet avait rencontré une patrouille de uhlans au-dessous de Montdidier, sur laquelle fut dirigé un feu de peloton. Dans l'obscurité, il n'était pas facile de se rendre compte des effets de la décharge ; néanmoins on put à tâtons ramasser sur le sol, un pistolet, une carabine et un sabre d'infanterie. Les deux détachements commandés l'un par le lieutenant Morel, l'autre par le sous-lieutenant Lefebure, revinrent sans avoir fait aucune rencontre.

Le lundi 21 novembre à huit heures du matin, la sentinelle placée sur la tour du clocher, signala deux cavaliers arrivant sur Plainville. Immédiatement, et pendant que les officiers avertis, se préparaient à prendre les armes, je fis placer à l'entrée du village, sur la route par laquelle arrivaient les uhlans, un sergent avec cinq hommes. Ordre était donné de faire garder toutes les issues, de laisser entrer les deux cavaliers ennemis et de les faire prisonniers. Mais pendant qu'ils semblaient se consulter et se dire : devons-nous entrer dans ce village ; ils se trouvèrent tout-à-coup en face des six hommes prêts à les déclarer de bonne prise.

Sans attendre le cri : rendez-vous; ils lancent leurs chevaux au galop. Au premier élan le plus rapproché reçoit une décharge qui l'étend mort sur le sol. Le second plus heureux, peut fuir avec une blessure à la cuisse.

Le bruit de la mousqueterie, la mort du prussien, la capture de son cheval, la joie des jeunes soldats qui venaient de donner une preuve de leur courage et de leur sang-froid, puis la consternation des habitants de Plainville qui voyaient déjà pour le lendemain ou l'un des jours suivants, leur Eglise livrée à l'incendie, au pillage, à la dévastation aussi bien que leurs demeures ; puis un ou plusieurs des leurs pris comme ôtages et condamnés à de rudes tourments et à la captivité, peut-être à la mort ; tout cela faisait un étrange contraste, et si étrange, qu'il n'était pas facile de savoir s'il fallait rire ou pleurer.

A la suite de cet exploit, j'étais mieux et plus que jamais désigné à la vindicte de mes dénonciateurs. Il fallait chercher à protéger Plainville ; je partis donc pour Amiens rendre compte des faits accomplis depuis 24 heures, et obtenir du renfort. Là, j'appris que je ne devais pas songer à retourner en arrière, qu'il fallait me résigner à rester à Amiens, en raison de l'exécution de la sentence prononcée contre moi si je passais dans les lignes prussiennes.

Je restais avec la profonde douleur de ne point revoir Plainville, ni tous ceux que j'y laissais dans un très-grand chagrin. Par la bienveillance de M. Lardière, Préfet de la Somme, des bons offices duquel je n'eus qu'à me louer, et grâce au généreux accueil que me réservait M. le général Paulze d'Ivoy, lorsque je me chargeais de lui remettre moi-même les rapports des compagnies de reconnaissance, je fus agréé à titre provisoire le 23 novembre comme aumônier de l'armée du Nord, et nommé définitivement à cet emploi le 27 novembre dans la matinée.

L'armée de Manteuffel s'avançait sur Amiens ; les éclaireurs ennemis approchèrent Plainville le 22, et les compagnies de reconnaissance se replièrent vers Ailly - sur - Noye, tout en continuant à rendre les mêmes services. Ce fut le 25 que toutes rentrèrent sous Amiens pour se préparer à prendre rang dans une bataille qui devenait imminente. Une division prussienne traversa Plainville le 25 novembre; l'un des officiers supérieurs mit en batterie pour tirer sur l'église et le village. Mais Saint-Michel protégeait le monument élevé en son honneur par tant d'âmes généreuses dans tous les rangs de la société, il protégeait ses fidèles serviteurs habitants de Plainville. C'est pourquoi l'ordre de tirer ne fut pas donné. La vengeance s'exerça sur le presbytère qui fut livré au pillage.

Combien grande eût été notre douleur, chers bienfaiteurs et chères bienfaitrices, si ce monument bien cher à tous ceux qui aiment à honorer le grand Archange Saint-Michel, patron et protecteur de l'Eglise universelle et de notre chère France, fut devenu un monceau de ruines !...

Pendant que l'ennemi s'avançait je me préparais à l'exercice de mes nouvelles fonctions. Le cheval que j'avais capturé à Plainville m'était laissé pour me porter partout pendant la campagne. Me voici donc le 24 au matin sur un cheval de guerre, me dirigeant au son du canon vers le lieu d'un premier combat d'avant-garde à Domart-sur-la-Luce. Après seize années d'interruption dans l'exercice de l'équitation, j'avais grandement besoin de rafraîchir mes souvenirs et de chercher à me bien équilibrer sur ma monture. Cette journée du 24 ne s'est pas effacée de ma mémoire ; pour la première fois j'entends le canon ennemi sans avoir le temps d'arriver sur le lieu de la lutte, je pense aux victimes du combat, et l'action terminée ce jour là, à notre avantage, je reprends la route d'Amiens. Je trottinais en méditant sur les maux de la guerre..., tout-à-coup mon cheval se cabre et.... me voici lancé sur la grande route, sans autre mal de ma chute qu'une contusion au front, les genoux un peu froissés ainsi que le bras droit. Sans crainte me voici de nouveau sur mon irascible compagnon qui se calme et consent à me transporter jusque dans Amiens, où j'arrive après la chute précitée, et 40 kilomètres d'une course d'apprentissage.

Jusqu'alors je m'étais trouvé au contact de quelques officiers qui gagnèrent bien vite mon affection, par leurs franches allures, ranimèrent mon courage et m'empêchèrent de désespérer de notre salut.

Après six semaines d'essais contre les reconnaissances prussiennes, vint pour eux comme pour moi la confraternité du danger sur les champs de bataille.

N'attendez pas de moi, chers lecteurs, des appréciations sur les hommes et les choses de la guerre, ni des dissertations sur la stratégie ; ignorant l'art de la guerre, il faut me borner à raconter mes impressions, redire mes souvenirs. Enfin, mon but sera suffisamment atteint, si je puis pendant ces quelques pages, vous conduire sur nos champs de bataille, dans nos ambulances, sur les grandes routes, au milieu de nos bons soldats, et même, hélas ! sur un champ d'exécution capitale, sans que pris d'ennui, vous reléguiez dans un coin de votre bibliothèque ce pauvre petit volume.

Le 23 novembre avait eu lieu un combat d'avant-garde de courte durée à Mézières-sur-Somme ; le 24 était marqué par un engagement plus sérieux, le 26 nouvelle rencontre de nos troupes avec l'avant-garde ennemie. Cette série d'engagements nous préparait à la bataille du 27 novembre sous Amiens.

Dès le matin de ce jour, un brouillard intense couvrait les vallées de la Somme et de la Noye, et enveloppait la ville d'Amiens. Je venais de recevoir ma nomination officielle et prenais mes dispositions pour me rendre sur le champ de bataille au premier coup de canon.

A onze heures se font entendre de sourds grondements dans le lointain, c'était le commencement de l'attaque sur Villers-Bretonneux. Un peu avant midi le battement sinistre de la générale mettait en émoi la ville d'Amiens. On voyait les gardes nationaux se rendre en toute hâte au lieu du ralliement et se mettre à la suite des troupes pour se porter sur notre aile droite par la route d'Amiens à Beauvais, en avant du village de Dury.

Pendant ce temps, sur la demande du service des ambulances, je parcourais la ville et faisais suivre les voitures pour le transport des blessés. Bientôt je rejoignis notre petite armée sur la droite, et inconscient du danger je suivais la route d'Amiens sur Dury qu'enfilaient les nombreux obus lancés par l'ennemi. Un officier m'avertit du péril et aussitôt je rejoignis les rangs de la garde nationale.

Lorsque la lumière d'un canon signalait le départ d'un obus, instinctivement nos gardes nationaux baissaient la tête, pliaient les genoux, et parfois se jetaient dans la boue, tant les obus faisaient rage autour de nous, et les prussiens ne semblaient pas vouloir nous ménager ; si les terrains n'avaient pas été détrempés par les pluies des jours précédents au lieu d'être éclaboussés par la boue que faisaient sauter les obus autour de leur point de chute, nous eussions reçu de nombreux éclats de fonte.

Nous avions en face de nous l'aile gauche prussienne, et aussi loin que nos regards pouvaient pénétrer à travers la brume, nous apercevions des masses noires et mouvantes. Malgré le brouillard nous pouvions voir la lumière des canons qui envoyaient leurs volées sur les ruines de Boves, à la défense desquelles prenaient part les mobiles du commandant Bayle qui avaient opéré à Plainville et aux environs. Ces ruines placées sur une hauteur ne pouvaient facilement être enlevées à l'arme blanche.

Pour la première fois j'assistais à une bataille, et du milieu de nos bataillons je suivais avec anxiété les diverses phases de l'action.

Je fus heureux de me trouver auprès d'un excellent confrère, camarade d'enfance, M. l'abbé Moliens, vicaire de la cathédrale d'Amiens.

Nos blessés savent quel fut son dévouement pendant la bataille du 27 novembre et dans les autres batailles ou engagements qui eurent lieu dans le Nord.

Après avoir rempli notre ministère auprès des pauvres blessés en les consolant de notre mieux et leur procurant tous les soins que réclamait leur état, nous reprîmes vers six heures du soir la route d'Amiens. La ville était singulièrement animée : à chaque angle de rue je rencontrais des groupes où des narrateurs racontaient ce qu'ils avaient pu comprendre dans les mouvements opérés sur toute la ligne de bataille, et cette ligne avait bien 17 kilomètres d'étendue.

L'un disait, c'en est fait, nous sommes battus et les prussiens vont entrer dans la ville : on écoutait et on gardait un morne silence. Survenait un autre témoin qui avait vu nos troupes marcher de l'avant. Comment, nous sommes battus, pas du tout. Les prussiens ont fait de très-grandes pertes : leurs morts se comptent par milliers, ils ont perdu des officiers supérieurs, et le découragement est entré dans leurs rangs.

Les versions se suivaient, se contredisaient. L'un démentait ce que l'autre affirmait. Celui-ci avait vu notre artillerie battre l'artillerie prussienne à Villers-Bretonneux. Deux batteries de quatre, disait-on, avaient pu lutter pendant plusieurs heures contre au moins quarante canons de six bien servis par les prussiens. Un autre rapportait que le général Lecointe avait complétement culbuté l'ennemi sur Cachy et Gentelles, et chacun de crier bravo et d'admirer la bravoure du général Lecointe, qui, en réalité, avait fait des prodiges de valeur.

Un autre narrateur venait de Dury, il avait été témoin du courage de la garde nationale, il avait remarqué la décision du brave général Paulze d'Ivoy que la ville avait appris à aimer, et comme quoi, le Général admirablement secondé par son aide-de-camp, le capitaine de Tannberg avait constamment porté nos troupes en avant. On racontait aussi nos pertes ; la mort du brave commandant Meunier, de la batterie des marins de Brest, et celle de plusieurs autres officiers.

Et c'est ainsi que les récits se mêlant, se contredisant, s'embarrassant les uns dans les autres, l'indécision commençait à poindre et faisait place au doute, lorsque sur les huit heures du soir l'ensemble des rapports vint donner un peu raison aux pessimistes.

La nuit se passa en allées et venues ; on entendait dans les rues le roulement des canons et des caissons, les pas cadencés d'un régiment qui venait prendre position sur l'un des boulevards.

Comment ne pas avoir la fièvre au milieu de tant de mouvement, de tant de bruit de voitures, de ce bourdonnement de voix d'hommes et de cliquetis d'armes ?

Le général Paulze d'Ivoy désirait que la lutte fut reprise le lundi matin. Mais pendant la nuit, les ordres furent donnés pour une retraite générale de notre armée sur nos places du Nord.

A quatre heures du matin, ceux des gardes nationaux qui n'avaient pu être informés de la situation, se rendaient à leur place de bataille, espérant déloger enfin les prussiens de leur position. Mais arrivés sur les retranchements que l'on avait élevés pour couvrir la ville, ils apprirent qu'Amiens serait occupé par l'ennemi dans la matinée de ce jour, et alors chacun d'eux revint dans cette malheureuse ville préparer le logement pour ceux qu'en raison du nombre ils n'avaient pu vaincre.

Les fusils désormais inutiles, furent déchargés dans les rues de la ville, ce qui ne contribua pas peu à semer l'épouvante chez les habitants et à causer quelque désordre dans nos rangs.

A cinq heures du matin, je me trouvais au quartier de cavalerie pour me remettre sur ma monture et me rendre de nouveau sur le champ de bataille. Mais j'appris la triste nouvelle : la ville a traité, nous battons en retraite. Ce propos circulait du poste de la caserne dans les chambrées où se trouvaient quelques dragons faisant leurs derniers préparatifs.

Dans la cour, je heurte un charriot plein d'effets parmi lesquels un choix était fait paisiblement pour un quidam, civil ou militaire, je ne sais, l'obscurité ne permettant pas de bien distinguer. Mais mon ami que faites-vous donc ici ? Monsieur, je vole les prussiens. Comment cela ?... Mais tout ce qu'il y a dans cette voiture tantôt leur appartiendra ; ils vont entrer ici et prendre tout ce qu'ils trouveront, je veux les prémices.

La conversation fut interrompue par un bruit de mousqueterie. De toutes les rues voisines partaient des coups de feu. L'ennemi, voici l'ennemi, les uhlans sont à l'entrée de la ville. Les prussiens ne devaient prendre possession de la ville d'Amiens que dans la matinée du 28, et c'est grâce aux conditions posées au moment de la capitulation, par l'autorité municipale, que nous pûmes nous retirer sans être inquiétés.

Les coups de feu que nous entendions étaient tirés par les gardes nationaux qui revenaient de prendre position dans la nuit, sur le champ de bataille si bien occupé par eux la veille. Arrivés dans les positions, ils apprirent qu'ils devaient rentrer chez eux et se préparer à recevoir les prussiens. C'est alors que beaucoup par dépit, déchargèrent leurs armes désormais inutiles, pour les briser ensuite.

A la caserne, j'avais sondé tous les coins et recoins sans pouvoir trouver mon ordonnance et mon cheval, et pendant que je cherchais dans tout le quartier de cavalerie, mon ordonnance parcourait les rues principales espérant me rencontrer.

Un cheval tout harnaché se trouve près de moi ; vite en selle et marchons, où Dieu nous conduira. A cinquante mètres de la caserne l'animal s'appuie contre l'angle d'un mur, se cabre et cherche à me désarçonner, force me fut de descendre et de me résigner à faire comme les autres, prendre la route du Nord. Monsieur l'abbé Molliens, que je rencontre, m'engage fortement à me diriger vers la citadelle, point central d'évacuation. « Vous savez, me dit-il, ce que vous réservent les « prussiens si vous restez ici. »

Je ne cherche pas davantage, et laissant mes bagages à la garde de quelques amis amiénois, je me dirige vers la citadelle. Après avoir dépassé l'enceinte, je me trouve auprès du général Paulze d'Ivoy et de son aide-de-camp, le capitaine de Tannberg. Ces messieurs, très-inquiets, avaient retenu auprès d'eux mon ordonnance, et lorsque j'arrivai, je fus chaleureusement accueilli. Il n'était plus possible de retourner à Amiens prendre le moindre objet. Les prussiens devaient faire leur entrée solennelle à neuf heures du matin, et il était déjà sept heures.

Le général et son aide-de-camp se tenant à la jonction des routes de Doullens et de Pas-en-Artois, dirigeaient les divers régiments et les isolés qui pouvaient en faire partie sur la route de Doullens, que suivait la colonne commandée par le général Lecointe, et sur la route de Pas que prenait la colonne aux ordres du général Paulze d'Ivoy. Ce fut avec cette colonne que je me mis en marche, et pour la première fois que j'assistais à une retraite de l'armée, après plusieurs jours de luttes acharnées et après une bataille qui n'était certes pas sans gloire pour nos armes. Nos pertes étaient évaluées à 266 tués et près de 2,000 blessés. Nous avions tué à l'ennemi environ 1,000 hommes et blessé 3,000.

Malgré tous les efforts des officiers, les mobiles peu habitués aux épreuves de la guerre, se débandaient sur la route, s'arrêtaient dans tous les villages , et s'égrénaient jusqu'à l'étape. Il était dur pour tous ces jeunes gens entrés en campagne depuis si peu de temps, et précédemment habitués à toutes les douceurs de la vie, de se trouver si rapidement soumis aux rigueurs de la discipline, aux fatigues d'une longue marche, aux privations multiples qu'amène la guerre. Nos jeunes soldats de l'armée du Nord incorporés dans les régiments de ligne, ou dans les bataillons de chasseurs à pied, soit comme engagés volontaires, soit comme faisant partie de la classe de 1870, venaient de donner des preuves de solidité. Ceux-là marchaient en silence et en bon ordre, se promettant de revenir bientôt se mesurer de nouveau avec les prussiens.

Pourquoi cette différence entre jeunes gens du même âge, élevés dans les mêmes conditions sociales? Pourquoi les uns ne montrent-ils pas toute la fermeté voulue? Pourquoi les autres sont-ils si disciplinés et si braves? Cela tient sans doute à ce que parmi les mobiles, certains officiers n'étant pas suffisamment instruits dans l'art de la guerre, inspiraient peu de confiance aux hommes sous leur commandement.

Toutefois, nous devons faire remarquer qu'à la bataille du 27 et dans les engagements qui l'ont précédée , certains bataillons de mobiles ont montré beaucoup de vigueur.

Nous étions sur la route de Pas-en-Artois , ne marchant pas toujours en bon ordre ; il est vrai de dire que l'ennemi ne songeait pas à nous poursuivre , il donnait la sépulture à ses morts et relevait ses blessés. Puis, d'autre part, la citadelle d'Amiens était énergiquement défendue par une poignée de braves, sous les ordres du capitaine Vogel. Ainsi nous pûmes arriver sans être inquiétés, jusqu'au bourg de Pas-en-Artois.

Là, je fus assez heureux pour me retrouver auprès des capitaines François et Fichet, des lieutenants Morel et Paul, des sous-lieutenants Lefébure et Dehaut, qui commandaient les compagnies avec lesquelles nous avions opéré à Plainville et aux environs.

Quelle émotion on ressent à se retrouver ainsi au lendemain d'une terrible bataille ! avec quelle joie, avec quelle effusion nous nous embrassâmes. Arrivés à trois heures, nous cherchâmes chacun notre logement; le mien se trouvait naturellement indiqué, et je fus cordialement reçu par M. le Doyen de Pas.

Le soir, je me retrouvais à table auprès de mes anciens hôtes de Plainville; nous parlions des heures si agréables passées à combiner nos plans pour faire autant de mal que possible à l'ennemi. Vint l'heure du repos : les sentinelles firent bonne garde pour nous protéger contre toute surprise: tout-à-coup le clairon sonne, il faut partir, on craint l'approche de l'ennemi.

Il est trois heures du matin ; par une nuit profonde, les compagnies se rangent auprès des compagnies, les bataillons s'alignent, les chevaux sont attelés aux pièces, et au signal donné tout s'ébranle. On n'entend que le bruit sourd des roues roulant sur ce macadam détrempé, quelque bruit de voix; le pas cadencé des soldats ne marque pas cette marche d'ensemble qui aide si bien à rendre l'étape moins fatigante. Tout se perd dans un bruit sourd et confus.

Comme je possédais un cheval, je le montais, et pour ne pas marcher sur les fantassins, je dus faire conduire ma bête par mon ordonnance, ne pouvant moi-même, dans l'obscurité, voir ceux qui se trouvaient devant moi.

Jusqu'au lever de l'aurore, j'eus tout le temps de prier Dieu pour notre pauvre France, de la recommander tout particulièrement à Saint-Michel; aucun spectacle ne s'offrant à ma vue pour me distraire.

Enfin le jour parut, nous pûmes nous reconnaître, nous étions sur la route d'Arras. Je vis plus d'ordre que la veille dans la marche des troupes. Les mobiles eux-mêmes avaient gardé leurs rangs, et comme la veille, ne s'amusaient plus à tirer des coups de fusil après les moineaux ou après les chiens qu'ils voyaient courir dans la plaine.

Ce fut pour tous un grand bonheur d'apercevoir dans le lointain la ville d'Arras avec ses clochers et sa sainte chandelle. Après une halte à 6 kilomètres en avant de la ville, les troupes entrèrent et prirent leurs cantonnements.

Les douceurs d'une très-amicale réception dans la famille de M. Bouchez-Béru, à Arras, me remirent bien vite des fatigues des jours précédents. J'avais le plaisir aussi de voir les officiers avec lesquels je m'étais trouvé dans mes débuts.

Mais la campagne ne faisait pour moi que commencer, je dus m'arracher aux douceurs du repos pour aller à Lille prendre les ordres du général Farre, chef d'état-major général, et me rendre aussitôt auprès des troupes avec lesquelles j'aurais à marcher.

A partir de ce jour, je pris aussi la résolution de noter ce que je pourrais trouver de plus saillant dans les faits quotidiens, dans nos marches et retraites, etc....., et c'est ce petit journal quotidien que je vais vous communiquer.

1ᵉʳ décembre. — Je me rends d'Arras à Lille, et sur ma route en wagon, je trouve des officiers se rendant à la même destination, soit pour rejoindre leurs corps, soit pour prendre les ordres de service à l'état-major général.

2 et 3 décembre. — La ville de Lille est remplie d'officiers, de soldats, de mobiles, de mobilisés se disposant à prendre ou reprendre la campagne, car la retraite d'Amiens ne peut rester sans un contre-poids; il faut marcher en avant et essayer une revanche.

Le général Farre qui s'était précédemment montré très-bienveillant pour moi, me donna un ordre de service pour me rendre auprès du général Lecointe, commandant alors la 1ʳᵉ division du 22ᵉ corps, à Cambrai.

Je reviens assez tard dans la nuit du 3 au 4 décembre, à Arras, pour faire mes préparatifs et rejoindre ma division à Cambrai.

4 décembre. — Aujourd'hui dimanche, j'ai eu le bonheur de dire la sainte messe au petit séminaire d'Arras, et de demander au divin Maître de bénir mon ministère. Puis après la récitation du bréviaire, je me dirige vers le quartier de cavalerie.

Pendant que j'étais à Lille, un officier supérieur avait pris mon ordonnance à son service. Ce brave garçon ne pouvant me remettre mon cheval à moi-même, l'avait confié à un des dragons casernés au quartier, le priant de lui donner jusqu'à mon retour, tous les soins nécessaires. Le 3, dans la matinée, l'officier supérieur, l'ordonnance, les dragons sont partis, et voici qu'au quartier toutes mes questions obtiennent la même réponse. Monsieur l'abbé, nous n'avons pas vu votre cheval. Enfin, après une heure et demie de recherches, nous trouvons la pauvre bête dans une écurie où on avait bien voulu la recevoir et interrompre un trop long jeune forcé.

Ces détails paraîtront puérils à ceux qui les liront un jour, mais en campagne, j'éprouve un certain charme à écrire ainsi tout par le menu.

Ma bête retrouvée, je la ramène presqu'en triomphe dans un logement moins grand qu'une caserne, afin de l'avoir aisément au premier désir. Après le déjeuner pris en famille chez M. Morel, l'un de nos lieutenants, je me présente au rendez-vous assigné pour les adieux, aux officiers qui avaient habité le presbytère de Plainville. Nous nous encourageons mutuellement, nous souhaitant de sortir sains et saufs de la lutte, et nous nous promettons de toujours accomplir notre devoir.

Je vais à l'évêché d'Arras prendre l'huile des infirmes. Monseigneur l'Évêque m'accueille avec une très-grande bonté et me presse d'accepter une invitation à dîner.

Mon ordre de service porte que je dois me rendre à Cambrai le 4. Il est près de cinq heures du soir, et le dernier train part à six heures. Je suis très-touché des bontés de Monseigneur, le remercie et lui demande de bénir mon nouveau ministère.

A la gare d'Arras, peu de voyageurs civils : le train se compose à peu près exclusivement de militaires. Il y a un peu d'encombrement, ce qui nous donne du retard pour le départ. Le train s'ébranle dans la direction de Douai, Somain et Cambrai. Nous entrons en gare à 10 heures 30 minutes du soir. Le général Lecointe devant arriver de Lille, par ce même train, M. le Commandant de place attend à la gare l'arrivée du Général, qui, empêché, a envoyé son chef d'état-major, le capitaine du génie Farjon.

Pendant que l'on débarque les chevaux, j'entre en relations avec M. le capitaine Farjon ; M. le Colonel commandant de place retourne chez lui et oublie d'informer le poste que des officiers vont entrer en ville, de sorte qu'à onze heures sonnant nous frappons, nous appelons à une porte fermée à la circulation : personne ne répondant, nous cherchons la véritable porte d'entrée, porte Notre-Dame. Le capitaine Farjon répond au « qui vive » et entre en pourparlers avec le chef de poste. Près d'une heure s'écoule avant de revoir personne.

Pendant que le chef de poste envoie prendre les ordres à la place, nous grelotons sous un ciel brillant et tout plein d'étoiles. Enfin, les lourdes chaînes roulent sur les poulies, le pont s'abaisse, et nous voici en ville, avec l'espoir de trouver un gite. Il nous fallut chercher longtemps et frapper à la porte de plusieurs hôtels où on nous donnait au lieu de l'hospitalité, des fins de non recevoir. Un hôtel ouvrit enfin, et nous pûmes nous réchauffer et nous reposer.

5 décembre. — Je sors de la mairie avec un billet de logement, et pendant que je cherche la rue et le numéro, voici qu'un sergent de ville m'arrête, me demande mes noms, prénoms, titres, qualités, etc., à mon très-grand étonnement. Pourquoi cet interrogatoire......., sur la foi d'une dépêche très-mal interprétée, le capitaine Farjon et moi avions été considérés comme des espions prussiens. Il est vrai que si nous continuons, nous en arriverons bientôt à prendre tous les êtres visibles pour des espions prussiens.

J'ai profité de cette journée du 5, pour me faire adjoindre un soldat-ordonnance. Avec un ordre du Colonel Pitié, commandant le 24ᵉ de ligne, je me rends au Château-Fort, et là on me désigne un des braves soldats qui, au risque d'être pris et fusillés par l'ennemi, se sont échappés de Metz, pour venir donner encore leur sang à la patrie. Ce brave garçon ne fait que d'arriver, il n'a pas encore eu le temps de revêtir l'uniforme militaire. Je lui donne mes ordres, et pendant qu'il s'équipe, je me procure les objets de première nécessité pour tout officier en campagne.

6 décembre. — Ce matin le ciel est sans nuage, et au lever du soleil nous nous promettons de faire gaiement l'étape, car les ordres sont donnés pour transporter le quartier général de Cambrai à Fins, canton de Roisel, près Péronne. En sortant des remparts, nous apercevons une vaste plaine de glace, ce sont les abords de la place protégée par les inondations. Au premier village que nous traversons, des mobiles sont éparpillés dans les maisons et les cabarets, d'autres se promènent dans les rues, ne paraissant pas se douter qu'ils ne doivent jamais quitter la colonne en marche.

Le Général arrête les uns, interpelle les autres, et donne à tous des ordres précis et des avertissements avec promesse de punitions sévères si de pareils faits se renouvellent. Un officier de mobiles, en défaut, est admonesté comme les simples soldats. Le Général veut que tous, sans exception, respectent la discipline, et il le dit à haute et intelligible voix.

Cette fermeté produit d'excellents effets, et avant la fin de l'étape, à peine trouvions-nous un retardataire de distance en distance, dont les motifs de retard ne fussent très-justes. Chacun semblait comprendre que si le Général se montrait inflexible pour le respect dû à la discipline, il saurait aussi s'intéresser au bien-être de son corps d'armée, autant du moins que les circonstances le comporteraient.

Nous marchons donc tous avec entrain vers le petit village de Fins, et vers les villages dans lesquels se doit cantonner toute notre division. Pendant le trajet j'entre en relations avec les officiers attachés à l'état-major du général Lecointe, avec lesquels je dois marcher pendant la campagne.

C'est d'abord M. de Rapp, capitaine d'état-major suédois, envoyé en France par son gouvernement, dix-huit mois avant la déclaration de la guerre. M. de Rapp était venu se former à notre école militaire ; il gémissait sur nos désastres, et souhaitait ardemment voir pour nous des jours meilleurs.

Puis, un jeune sous-lieutenant sortant de St-Cyr, M. Max de Boysson, qui a déjà perdu deux frères, officiers tués pendant cette néfaste guerre, et qui en compte encore deux autres sous les drapeaux.

Comme tous ces braves frères, M. Max de Boysson fera noblement son devoir, il saura verser son sang pour la patrie, s'il le faut, et si Dieu demande à une si généreuse famille, une nouvelle victime. Un grand amour de Dieu a pour effet irrésistible et incontestable, de déposer dans le cœur un grand amour pour la patrie. Témoin les zouaves pontificaux qui luttent avec une indomptable énergie contre des forces dix fois supérieures en nombre, et qui par leurs hauts faits d'armes, emportent l'admiration et la sympathie de toute notre armée.

Auprès du général, se trouve notre chef d'état-major, le capitaine du génie Farjon, qui, après avoir pris une part, glorieuse à la défense de Soissons, a été assez heureux pour s'échapper et venir jusqu'à Lille, où il fut chargé de travailler à former les cadres de l'armée du Nord. Le chef d'état-major possède une bonne carte que pendant la marche il consulte souvent avec le Général. A mon arrivée à Fins, j'ai peine à descendre de cheval tant je me trouve fatigué par la marche; évidemment je ne suis pas encore bon cavalier. Le respectable curé de Fins, me reçoit très-fraternellement et apprend avec grande joie qu'il fut mon directeur à l'époque de ma première communion. Nous passâmes ensemble une bien agréable soirée en nous reportant à vingt-huit ans en arrière. Un officier attaché à l'état-major, M. le chef d'escadron Pigouche, commandant l'artillerie de la division, est lui aussi logé au presbytère, et partage notre joie intime.

A huit heures du soir, nous recevons l'ordre de marche pour le lendemain, avec indication du quartier général à Montauban, canton de Combles. Le départ est fixé à sept heures et demie.

8 décembre. — Me voici enfin remis d'une course extraordinaire de trois étapes en un seul jour. Dans la nuit du 6 au 7, les ordres de marche ont été modifiés. Notre chef d'état-major ignorait que nous étions logés au presbytère, où le planton chargé de porter les ordres ne sut pas nous trouver. Les dernières étoiles disparaissaient, et le ciel très-pur nous promettait une belle journée d'hiver. Le commandant Pigouche me proposa donc après avoir mis ses batteries en marche, de prendre un chemin vicinal facile à la marche des chevaux, et qui abrégerait un peu la longueur de l'étape. Nous traversons successivement Équencourt, Étriscourt, Manancourt, et nous voyons les régiments défiler. Nous avançons rapidement car le froid est vif. Après une heure de course, nous cherchons du regard nos colonnes sans rien apercevoir dans le lointain. Persuadés que bientôt nous allons les trouver, nous avançons toujours. Mais rien ne se montre. Nous questionnons les habitants des villages, et la réponse est toujours la même; nous n'avons pas vu de troupes françaises aujourd'hui de ce côté. Nous traversons le bourg de Combles en nous informant toujours, sans que nos questions obtiennent d'autres réponses.

Enfin, il faut arriver jusqu'au village indiqué pour quartier général. Là, M. le Maire nous reçoit en vrai patriote, et nous assure qu'il n'a aucun avis de l'arrivée des troupes françaises. Mais par contre, il nous apprend que les prussiens sont bien près de son village.

Après déjeuner, il nous faut repartir en suivant la route que nous venions de parcourir et retourner à notre point de départ, afin de savoir la direction prise par les différentes colonnes.

Nous voici donc à cinq heures du soir à la recherche de notre quartier général, suivant la route que dans la matinée notre état-major avait parcouru.

Dès trois heures, le ciel s'était chargé de gros nuages, la neige tombait abondamment et rendait la marche pénible.

Arrivés au village de Nurlu, nous nous livrons à une véritable enquête, qui a pour résultat de nous apprendre que le quartier général était à Vermand, petite ville près Saint-Quentin.

Avec beaucoup de peine, je trouve une voiture dont le propriétaire consent à nous conduire jusqu'au bourg de Roisel, pendant que nos chevaux se rendront au même lieu par un chemin de traverse.

A dix heures du soir, nous avions encore à parcourir dix kilomètres, et la neige s'amoncelait toujours. Enfin, à une heure du matin, nous sommes au milieu de Vermand, cherchant une écurie pour nos chevaux, ce qui nous demande un certain temps. Puis, nous nous dirigeons vers le presbytère, certains à l'avance de recevoir une bienveillante hospitalité, car nous savions depuis longtemps tout le dévouement et tout le patriotisme du clergé français, pendant toute cette guerre.

Notre attente ne fut pas vaine, car au premier coup de sonnette, M. le doyen de Vermand s'empressa de nous ouvrir. Tous les appartements étant occupés, M. le doyen, de la meilleure grâce du monde, nous offrit son lit, ce que nous acceptâmes avec joie et reconnaissance. Le bon prêtre passa le reste de la nuit dans une toute petite pièce, sur un simple matelas.

Aujourd'hui 8 décembre, j'ai prié la Vierge Immaculée, de nous couvrir de sa protection et d'obtenir enfin la victoire pour nos armes. Dans la journée, je suis entré en relation avec un de nos officiers les plus distingués. Avec quel plaisir j'écoutais la conversation de M. l'abbé Constance et de M. le colonel Pittié !......

Dans le prêtre toute la science, l'expérience, la piété, etc..... qui conviennent au prêtre ; dans l'officier toute la science, tout le courage et toutes les qualités qui lui gagnent l'admiration et la confiance de tous. Ces deux âmes vouées au dévouement et au sacrifice, se comprenaient parfaitement. Aussi fut-il bien vite convenu que M. le Doyen accompagnerait M. le Colonel dans sa ronde de nuit.

10 décembre. — Hier la journée nous a procuré le plaisir de surprendre l'ennemi dans la ville de Ham. Nous étions partis à une heure de Vermand, avec indication du quartier général au village de Saint-Christophe. Mais, arrivés à la hauteur de ce village, nous fîmes une courte halte, pour reprendre aussitôt notre marche en avant. Un officier me dit tout bas en passant : nous allons à Ham.

En effet, vers cinq heures, notre tête de colonne arrive au faubourg Saint-Sulpice, les sabres-baïonnettes se placent rapidement et avec un magnifique ensemble au bout des fusils qui sont immédiatement chargés. Nous marchions, comme on dit, à pas de loups, pour permettre à plusieurs colonnes détachées de se porter sur divers points de la ville, notamment sur l'esplanade du fort, pour attaquer le château (1) et à la gare du chemin de fer, afin d'empêcher l'ennemi de communiquer avec Tergnier et La Fère.

A six heures du soir, le canon fut tiré contre le château, et aussitôt nous entrâmes dans la ville. La lutte s'engagea surtout dans la rue principale qui conduit à l'esplanade du château et sur la place du marché. Les prussiens, au lieu de se rendre immédiatement, firent feu sur nos troupes. Le feu de mousqueterie cessa bientôt dans les rues. Quelques ennemis furent tués, quelques autres blessés. Le nombre des prisonniers est de 210, dont 12 officiers. Nous avons eu un soldat tué dans cet engagement et 5 blessés.

Le château-fort ayant fermé ses portes, on lança quelques coups de canon contre les tours. Le premier parlementaire envoyé ne fut pas écouté, on tira même sur lui ; il fallut donc attendre que les défenseurs de la place demandassent à capituler, ce qui était pour eux d'une évidente nécessité, puisqu'ils n'avaient ni assez de vivres, ni assez de munitions, ni

---

(1) C'est dans ce château que fut enfermé, après sa tentative de Boulogne-sur-Mer, par ordre du roi Louis-Philippe, le prince Louis-Napoléon, depuis Napoléon III.

assez d'hommes pour résister. La garnison capitula dans la nuit. Ce fait d'armes est dû à la bravoure et à la prudence du général Lecointe.

Du 10 au 22 décembre. — Le lendemain de la prise de Ham fut consacré au repos. Nos jeunes soldats, car nous en avons peu d'autres, ont besoin de s'endurcir aux rigueurs d'une guerre en hiver, on ne peut donc leur en demander trop à la fois.

Le 11, nouvelle marche en avant. M. le Général en chef vient d'arriver à Ham, il passe rapidement devant les troupes, et nous partons pour Tergnier. La colonne qui accompagne le général Lecointe, suit la voie ferrée dans la direction de Tergnier. Nous marchons dans la neige, tantôt à cheval, tantôt à pied. La nuit arrivait et nous n'étions pas encore au but.

Un officier de notre état-major s'était détaché, accompagné d'un soldat de l'escorte, pour aller préparer le logement à Tergnier. Il revient bientôt, nous annonçant qu'un convoi de prussiens est engagé sur la voie et se dirige vers nous. Il évalue ce convoi à 300 hommes. Nous quittons bien vite la voie ferrée pour nous porter sur le côté, laisser la marche libre à l'ennemi, et prendre tout le convoi lorsqu'il sera suffisamment engagé.

Si rapide que fut ce mouvement, il n'en mit pas moins l'ennemi en éveil. Le train ralentit sa marche, et des éclaireurs portant chacun sa lanterne avancèrent en explorant la voie.

L'ennemi se trouvait à quelques pas des nôtres; au qui vivé, répété deux fois par les allemands, il fut répondu par des coups de fusil.

La fusillade se continua pendant que le mécanicien faisait machine en arrière. Les balles faisaient sauter la neige autour de nous. Mais heureusement, personne d'entre nous ne fut atteint. L'ennemi laissa deux hommes tués et plusieurs blessés. Nous n'avions pas l'outillage nécessaire pour faire sauter les rails en arrière du train, il fallut donc le voir s'éloigner avec le vif regret de ne pouvoir s'en emparer. Dans cette rencontre nous n'avons éprouvé aucune perte.

A Ham, j'avais visité et assisté nos blessés; j'avais offert les mêmes secours aux blessés allemands. A Tergnier, je vis les blessés prussiens; c'étaient des protestants, ils acceptèrent mes consolations mais non mon ministère.

Faire le siége de la Fère n'était pas possible, nous manquions de l'artillerie nécessaire pour attaquer la place. Un coup de main hardi et prompt pouvait seul faire tomber la place en notre pouvoir, et encore, il aurait fallu abandonner cette position après quelques jours. Nos sentinelles étaient postées bien près des remparts et observaient attentivement l'ennemi.

Cette marche vers le sud eut pour résultat immédiat d'apprendre à nos ennemis, que cette armée du Nord, obligée de se retirer après la bataille du 27 novembre, devant des forces considérables, n'était pas anéantie, car elle revenait plus nombreuse et mieux aguerrie. L'armée de Manteuffel se dirigeait vers le Hâvre, pour en faire le siége, il lui fallut revenir aussitôt sur Amiens. Nous-mêmes, dès le 14, nous prenons la direction de cette ville en traversant le canton de Guiscard, dans l'Oise, les cantons de Nesle et de Rosières, dans la Somme, et le 17, nous arrivons dans la ville de Corbie, pour nous établir sur les plateaux qui commandent les vallées de la Somme et de l'Hallue, dans une nouvelle bataille qui ne tardera pas à s'engager.

Les sentiments patriotiques de M. l'abbé Constance, se retrouvaient chez tous les curés que nous visitions, soit pendant la grande halte, soit à l'étape. M. l'abbé Constance, curé-dóyen de Vermand, avait accompagné à cheval la colonne du général Lecointe, lors de la prise de Ham, eh bien ! je puis affirmer que dans des circonstances analogues, il aurait eu des imitateurs chez beaucoup de ses confrères.

La petite ville de Corbie s'est trouvée envahie par de nombreuses troupes. L'état-major du général Faidherbe, ceux de plusieurs autres généraux prennent leurs logements dans la ville. M. l'abbé Douillet, curé-doyen de Corbie, nous reçoit avec empressement et met toute sa maison à notre disposition; il ne veut refuser l'hospitalité à aucun officier, et il se voit bien vite entouré, car aucun de ces Messieurs ne peut résister au grâcieux sourire et à l'aimable accueil de M. le doyen. Il fait déjà nuit lorsque chacun a trouvé son logement.

Le lendemain de notre arrivée, nous visitons les ambulances établies par M. le Doyen, et nous remarquons avec bonheur l'air satisfait de nos malades. Ah ! c'est qu'ils ont pour les soigner de bonnes religieuses dont le dévouement rappelle celui d'une mère chérie ou d'une sœur bien aimée. Le drapeau de la convention de Genève flotte sur beaucoup de maisons. Nous ne pouvons douter que le zèle de M. le Doyen a excité tout le dévouement de ses paroissiens. Nos chers blessés reçoivent partout les soins les plus touchants. Comme on voudrait les voir bien vite guéris ces bien-aimés soldats ! ils désirent la guérison avec tant d'ardeur; et la plupart, afin de courir de nouveau au milieu du danger parmi leurs frères d'armes.

Pendant que nous sommes encore à Corbie, nous recevons l'ordre de nous mettre en marche pour opérer une reconnaissance générale sur notre centre, notre droite et notre gauche. La division Lecointe se porte sur Villers-Bretonneux où nous arrivons sans difficulté. Nous traversons le bourg pour nous mettre en bataille dans les positions que nous tenions le 27 novembre aux mêmes lieux. L'ennemi ne se présentant pas, nous dûmes rentrer dans Villers-Bretonneux. Après une visite aux ambulances, très-nombreuses à Villers comme à Corbie, nous retournâmes à nos cantonnements.

A Villers comme à Corbie, nous avons constaté le zèle vraiment sacerdotal de M. le curé de la paroisse. M. l'abbé Delplanque se dépensait tout entier pour apporter aux malades consolations et secours.

En rentrant au presbytère de Corbie, j'eus le bonheur de retrouver un confrère que j'avais perdu de vue depuis plusieurs années. M. l'abbé Wibaux, de Roubaix, avait dit adieu à sa famille, à ses amis, à tout ce qu'il avait de plus cher, pour venir se former à Paris, rue du Bac, au séminaire des missions étrangères, à l'école de l'apostolat. Déjà, depuis dix-huit mois, j'étais moi-même dans ce cher séminaire, me préparant, comme tous mes confrères, à porter la lumière de la foi aux nations infidèles de l'extrême orient.

Au séminaire des missions étrangères s'exerce la plus grande charité. Le nouvel arrivant n'est plus un étranger, dès qu'il a franchi le seuil de la maison, c'est un ami véritable, c'est un frère autour duquel chacun s'empresse. Je fus chargé d'introduire M. l'abbé Wibaux, et de le présenter à Messieurs les Directeurs et à Messieurs les Aspirants à l'apostolat. Le jour de la séparation arriva. M. Wibaux eut le bonheur de diriger ses pas vers l'orient, et d'aller évangéliser les infidèles.

Quelques mois plus tard, par suite de deux cruelles maladies qui me laissèrent un souffle de vie, je dus, sur les avis des médecins, et sur les instances de Messieurs les Directeurs du séminaire, renoncer à une carrière que j'embrassais avec ardeur et avec bonheur, pour venir exercer le saint ministère dans un village où je trouvais en matière religieuse, beaucoup de chinois. Je ne restais que vingt-huit mois dans cette paroisse pour venir ensuite à Plainville où je trouvais beaucoup plus de consolations.

M. l'abbé Wibaux avait été contraint par le mauvais état de sa santé, de revenir en France pour se refaire des fatigues de l'apostolat. Il était rentré depuis peu lorsque la guerre éclata. Les mobiles et les mobilisés du Nord composant une grande partie de notre armée du Nord, M. Wibaux, obtint du général Faiberbe, l'autorisation de suivre les bataillons auxquels il réservait les soins de son ministère.

M. l'abbé Wibaux me témoigna toute sa satisfaction du bienveillant accueil que lui avait réservé M. le Général en chef, ce qui ne me surprit nullement, car moi-même, peu de temps auparavant, je n'avais eu qu'à me louer de l'aménité du général Faidherbe, en apprenant de lui-même son dessein de laisser toute liberté aux aumôniers pour remplir leurs devoirs auprès de nos soldats.

Après avoir ravivé nos souvenirs et parlé longuement de notre séminaire et de nos chers Directeurs, il fallut nous séparer, M. Wibaux pour suivre son bataillon, et moi pour marcher avec le général Lecointe vers notre nouveau cantonnement, au petit village de Bavelincourt. Là, nous trouvâmes assez difficilement à nous ravitailler à notre arrivée : le logement laissait beaucoup à désirer, mais en campagne, il faut savoir tout accepter.

Pendant deux jours, le Général avec son état-major poussa des reconnaissances sur le front de la ligne et sur le côté, car on signalait le retour de l'armée de Manteuffel sur Amiens, pendant que de fortes concentrations de troupes ennemies s'opéraient sur Montdidier et sur Breteuil. Nous devions donc nous tenir prêts à recevoir un choc formidable.

Des ordres avaient été donnés pour nous faire avancer complétement sous Amiens, nous devions entrer dans les faubourgs et sur les boulevards, l'ennemi ayant évacué Amiens à notre approche.

Mais le chef prussien laissa une garnison dans la citadelle, informant les habitants de la malheureuse ville, que l'entrée des Français serait le signal d'un bombardement à outrance, par le commandant de la citadelle.

Pendant une reconnaissance opérée par nous aux abords de la ville, cette menace eut un commencement d'exécution.

Nous étions encore à Bavelincourt, lorsqu'une grande modification fut apportée dans notre organisation, par la nomination du général Lecointe au grade de Général de division, commandant le 22ᵉ corps d'armée, ayant pour auxiliaires les colonels Derroja et Du Bessol, nommés Généraux de brigade, pour prendre le commandement des deux divisions de notre corps d'armée.

Le 21 décembre, vers huit heures du matin, nous quittons notre cantonnement pour nous aller établir en lignes de bataille sur les coteaux qui commandent le vallon de l'Hallue. Par les diverses ouvertures du parc du Château de Querrieux, nous apercevons les mouvements de nos colonnes, et bientôt nous allons occuper nos positions. A onze heures, chaque régiment, chaque bataillon, chaque batterie est à son rang de bataille. Je contemple toutes les files d'hommes, échelonnés sur les rampes du coteau, attendant l'ennemi de pied ferme, et la confiance qui m'envahit semble se peindre un peu sur tous les visages.

Tous les regards se portent dans la direction d'Amiens. Le froid est rigoureux, par dix-sept degrés sous zéro, et un temps couvert.

Peu importe, les soldats se tiennent auprès des faisceaux, prêts à prendre les armes au premier signal.

A trois heures du soir, ni les français ni les prussiens n'ont encore fait parler la poudre. Sans doute, nos ennemis ne se trouvent pas encore assez nombreux pour nous attaquer.

Le Général en chef donne ordre aux troupes de rejoindre leurs cantonnements dans les villages qu'arrose l'Hallue, depuis Contay jusqu'à Pont-Noyelle, dans la ville de Corbie et les villages environnants. Le froid nous avait si bien pénétrés, que lorsque la chaleur put nous revenir, plusieurs pleuraient, tant la transition était violente.

Depuis quelques jours, notre état-major compte quelques officiers qui sont venus nous joindre, pour faire face à toutes les nécessités de service d'un corps d'armée. Le génie est représenté par le brave commandant Thouzelier qui a fait ses débuts avec le commencement des hostilités, et s'est trouvé à l'armée de Bazaine pendant le siége de Metz.

Les mobiles nous ont donné un jeune officier, le lieutenant Petyt, qui remplit avec courage et entrain les fonctions d'aide-de-camp. Un capitaine de cavalerie, le baron de Cantillon, monté sur un magnifique pur sang, ne paraît pas devoir se troubler sur un champ de bataille.

Le service des ambulances est bien organisé. Outre nos voitures d'ambulance militaire, la Société internationale de secours aux blessés nous a envoyé des hommes dévoués et munis de tout le matériel nécessaire pour porter secours en un jour de bataille.

Le service religieux est à peu près assuré par l'arrivée de plusieurs aumôniers volontaires, RR. PP. Rédemptoristes, RR. PP. Dominicains, et RR. PP. Jésuites, auxquels les prêtres des localités qui nous entourent s'empressent d'offrir leur concours. Chacun de ces aumôniers a déjà donné des preuves de son dévouement, sur le champ de bataille, depuis le commencement de la guerre.

Nous sommes donc prêts à répondre à l'attaque de l'ennemi. La journée du 21 s'est écoulée en préparatifs. Le 22, une forte reconnaissance prussienne s'avance vers Pont-Noyelle. M. le Général de division, Paulze d'Ivoy, commandant le 23ᵉ corps, est chargé de la recevoir. Cette reconnaissance est vivement repoussée sur Amiens, en laissant sur la route de retraite un certain nombre de morts et blessés. Tout se prépare pour une grande bataille.

Du 23 au 31 décembre. — D'après les rapports de nos éclaireurs, l'ennemi se dispose à nous attaquer aujourd'hui. Nous avançons l'heure de notre repas, et bien nous en prit, car le canon gronde, et on sonne le boute-selle. Les clairons sonnent la marche, nous nous portons rapidement vers le champ de bataille.

Le matin du 23, pendant que j'offrais le saint sacrifice, arriva au presbytère de F....., M. le premier magistrat de la commune. Ses traits étaient empreints d'une profonde tristesse. S'adressant à mon ami, le commandant Pigouche : — *D.* « M. le commandant, vous faites partie de l'état-major de

M. le général Lecointe. » — *R.* Oui, M. le Maire. — *D.* « Connaissez-vous un Monsieur, qui se dit aumônier du 22e corps d'armée ? » (Surprise du commandant).....! — *R.* Parfaitement. — *D.* C'est bien celui qui monte un cheval qu'il aurait lui-même pris aux prussiens.....? (Profond étonnement de mon ami le commandant)..... — *R.* Mais, M. le Maire, je ne comprends rien à cet interrogatoire.

M. le Maire. Voici M. le Commandant: Je porte un profond et très-sincère intérêt à notre curé, et je serais dans une grande douleur s'il lui arrivait quelque désagrément au sujet de ce prétendu aumônier... (moins compris que jamais)... Eh bien, vous ne savez donc pas ce que c'est que cet aumônier ? C'est un espion prussien.

Mon ami ne put contenir son hilarité, ce qui rendit la position de M. le Maire quelque peu intéressante. Le digne magistrat croyait faire œuvre de zèle et rendre grand service à la patrie, en lui signalant un traître.

M. le Commandant. Mais M. le Maire, on vous a indignement trompé. Le cher aumônier que vous attaquez est un excellent prêtre et vraiment un bon français. Il a été jugé digne, par les prussiens, d'être passé par les armes, en raison des services qu'il a rendus, étant encore dans sa paroisse, en octobre et novembre dernier, et c'est pour le récompenser de son dévouement et de son courage, qu'il a été agréé comme aumônier du 22e corps. Qui donc a pu vous mettre dans une si fâcheuse erreur !... Après les explications de M. le Maire et de mon ami, il est résulté ceci. Un officier de mobilisés (officier de création), précédemment écuyer de cirque, à ce que l'on rapporte, se disant républicain, mais surtout étant pourfendeur émérite, avait déclaré la veille, chez M. le Maire, qu'il venait de chasser tous les fainéants, marchands de prières et d'eau bénite ; que sous sa république, on ne pouvait souffrir une telle vermine (textuel) dans les rangs de l'armée.

Et les zouaves pontificaux ! et les frères des écoles chrétiennes !... et les aumôniers qui ont versé leur sang sur les champs de bataille !..... Sont-ce là de vrais français? Ils ne sont peut-être pas aussi républicains que vous, M. l'officier de création, mais pour eux, Dieu et Patrie, ne sont pas de vains mots, et ils le prouvent.

Vous oubliez ou vous ignorez sans doute, que même, dans

l'armée du Nord, les aumôniers savent verser leur sang sur le champ de bataille, témoin le Révérend Père Mercier, dominicain, blessé grièvement le 27 novembre, à Villers-Bretonneux.

Notre présence est utile au milieu de nos troupes, ne vous en déplaise, M. l'officier, et avant de jouer ainsi du despote, vous agiriez sagement si vous consultiez ceux qui désirent se sentir soutenus par la bénédiction du prêtre, à l'heure du danger.

Malgré les paroles brutales de notre officier, les aumôniers n'ont point manqué au rendez-vous du dévouement et du péril...

Lorsque nous arrivâmes sur le champ de bataille, l'artillerie de la division Moulac, soutenait le feu violent de l'ennemi. Une batterie de 12 répondait vigoureusement à trois batteries prussiennes. Nous perdions des hommes, nos chevaux tombaient sous une pluie de fer, et cette batterie se serait trouvée démontée sans un renfort d'une demi-batterie qui lui arriva fort à propos.

Notre division avait pris position en face de Pont-Noyelle. Pendant une heure environ, je me promenais à cheval dans les rangs de nos soldats et auprès de nos batteries. Je me dirigeai ensuite vers le point d'évacuation des blessés, afin de leur donner mes soins et leur offrir les secours de mon ministère au besoin.

Vers trois heures de l'après-midi, le canon faisait rage d'un bout à l'autre du champ de bataille, de Contay jusqu'à Daours, sur une ligne de douze kilomètres. Je me trouvais alors en face de Pont-Noyelle. Les obus venaient éclater autour de nous. Un projectile tombe au milieu des mobilisés, qui donnaient pour la première fois, tue et blesse, en éclatant, quelques hommes. Les voisins des victimes prennent l'épouvante, et une centaine s'enfuient en jetant leurs fusils, leurs sacs et tout ce qui pouvaient retarder leur course. J'essaie de les arrêter, mais en vain, la peur les empêchait d'entendre. Très-heureusement, ce mauvais exemple ne fut pas contagieux, et le bataillon tint ferme. Aux cris: en avant, en avant, répétés énergiquement par les officiers, tous descendent vers Pont-Noyelle, et le mouvement suivi et appuyé par les autres troupes, que seconde parfaitement l'artillerie, oblige l'ennemi à sortir du village.

Sur le champ de bataille, j'eus le bonheur de me retrouver auprès de M. l'abbé Molliens, prodiguant ses soins aux blessés.

Lorsque la voix du canon cessa de se faire entendre, le village de Pont-Noyelle était en feu. Toutes nos troupes, soldats de la ligne, chasseurs, marins, artilleurs, mobiles, mobilisés, avaient fait très-bonne contenance devant un ennemi qui nous attaquait ordinairement dans la proportion de un combattant français contre trois prussiens.

A la nuit, nos troupes sont restées sur le champ de bataille. Le thermomètre marquait dix-huit degrés sous zéro, pendant la nuit. Nos jeunes soldats n'avaient point de bois pour faire du feu, et pour toute nourriture, ils trouvèrent dans leurs sacs du pain gelé.

Dans la soirée, je visitais les ambulances provisoires établies un peu partout dans les villages voisins du lieu de l'action. Nous avions environ neuf cents blessés.

C'était pitié de voir ces chers blessés étendus sur un peu de paille, dans les chambres où ils étaient alignés. Les chirurgiens passaient de l'un à l'autre, pour faire un premier pansement. Que de cris! Que de plaintes! Nobles victimes! Ah! si nous pouvions vous ôter subitement vos souffrances, combien nous serions heureux!...

Le 24, dans la matinée, je fis une nouvelle visite aux ambulances. Je rencontrais là, des jeunes gens atteints mortellement. Un signe du docteur me faisait saisir la triste réalité; il fallait préparer ceux qui, au milieu de leurs souffrances, souriaient encore à la vie, à entrer dans une vie meilleure. Ce ministère n'était pas sans fruit, et j'ai éprouvé la consolation de diriger vers Dieu, les âmes de ces braves qui n'avaient pas tremblé devant l'ennemi. Avec quelle effusion ils me disaient: merci M. l'aumônier, lorsque par les paroles de la réconciliation, s'ouvraient devant eux les portes du ciel!...

D'après les rapports, nous aurions eu 141 tués, dont 5 officiers, dans cette bataille du 23; quelques centaines de prisonniers et un millier de disparus. L'ennemi a dû éprouver de très-fortes pertes: on les évalue à plusieurs milliers d'hommes hors de combat. Ce résultat est dû à la position de nos tirailleurs et de notre artillerie, qui dirigeaient toujours un feu plongeant sur les villages et les bois occupés par les prussiens.

Ce même jour, 24 décembre, dès le matin, nous entendons quelques coups de canon, et pendant quelque temps, un feu de mousqueterie. L'action ne s'engage pas, et à midi, nous prenons la direction d'Arras.

Nos troupes ayant besoin de repos, le Général en chef nous conduit derrière la Scarpe, dans de très-bonnes et de très-fortes positions, notre droite s'appuyant à Arras, et notre gauche à Douai.

Notre quartier général du 22e corps est établi le 24, au soir, au petit village de Senlis. Comme tous ses confrères, M. le curé de Senlis nous reçoit très-cordialement et nous offre vraiment de bon cœur tout ce qu'il peut nous offrir; un bon et frugal repas et un petit lit de pension pour mon ami le commandant et pour moi.

Dans la petite chambre presbytérale, le froid s'est fait rudement sentir. Mais en temps de guerre, on finit par dormir un peu partout et par tous les temps.

A quatre heures du matin, le 25, nos ordonnances viennent remplir leurs fonctions auprès de nos effets. Le bon curé nous plaint en nous voyant partir par un froid très-vif et dans la plus complète obscurité.

C'est le saint jour de Noël, il faut offrir le saint sacrifice de la messe pour notre armée. Mon Général me désigne le village d'Anescamps comme lieu de la grande halte, à environ 20 kilomètres de notre point de départ. C'est dans l'Église de ce village, que je vais dire la messe, à onze heures du matin.

Nous partons, quelques officiers et moi, et poussons nos montures pour arriver à la grande halte, avant la colonne. Le froid était si vif, que malgré l'allure rapide de nos chevaux, nous ne pouvions nous réchauffer, il nous fallait, de distance en distance, descendre et trotter auprès de nos bêtes.

En passant sur les flancs de la colonne, nous avons remarqué plusieurs compagnies de mobilisés, veuves de leurs officiers, nous les pensions couchés sur le champ de bataille ou dans les ambulances, mais en arrivant à l'étape, nous apprenons que ces messieurs avaient cru pouvoir se rendre dans leurs familles pour s'y reposer un peu.

A deux heures, nous étions à Berle-aux-Bois, notre quartier général pour le 25. J'eus le bonheur, pour la première fois, depuis mon départ de Plainville, d'assister à un office chanté. L'excellent curé de Berle voulut me faire présider. Avec quelle émotion je pensais à mes chers habitants de Plainville avec lesquels il m'avait été impossible de communiquer depuis le jour de mon départ, 27 novembre !

Le 26 nous traversons la ville d'Arras pour aller établir notre quartier général à Fampoux.

Dans ce village nous avons le bonheur de recevoir une hospitalité vraiment touchante chez l'un des notables du pays. Nous avions besoin de repos, le lieu ne pouvait être mieux choisi, et nous célébrions à l'envi nos délices de Fampoux.

L'ennemi n'ose venir nous attaquer dans des positions très-solides, il se contente d'inonder l'Artois de sa cavalerie pour effrayer les populations et faire croire que ses troupes sont en nombre et prêtes à nous attaquer.

Nous ne pouvions nous reposer bien longtemps, lorsque la Patrie nous demandait sa délivrance ; aussi les ordres de départ sont donnés, et après avoir exprimé notre vive reconnaissance à nos jeunes hôtes, nous traversons de nouveau la ville d'Arras pour nous porter encore en avant et livrer bientôt une nouvelle bataille.

Le 1er janvier de chaque année est toujours fêté joyeusement, c'est le jour des souhaits, des vœux ardents; il semble qu'on entre dans une vie nouvelle, et qu'un horizon nouveau s'ouvre devant chacun de nous. Ce que fut l'année qui vient de finir, nous le savons, mais Dieu seul connaît les événements qui marqueront l'année qui commence.

Nous sommes dans un château veuf ou à peu près de tout son mobilier. Les appartements sont grands et privés de leurs habitants. De toute part on se sent couvert d'un manteau d'humidité qui fait pénétrer le froid jusqu'à la moelle des os. Les grandes cheminées dans lesquelles on essaie de faire pétiller un feu vif nous refusent la douce chaleur que nous leur demandons, pour nous envoyer de grosses bouffées de fumée.

Au dehors tout est morne comme aux plus tristes jours de l'hiver. La terre durcie par la gelée des jours précédents est couverte d'une légère couche de neige, et n'était la proverbiale gaité française, nous serions vite tous aussi tristes que la saison.

Après avoir prié Dieu tous au saint sacrifice de la messe, et demandé sa protection contre les dangers à courir dans cette année nouvelle, nous rendons dans notre froid asile nos visites officielles , dans lesquelles l'estime et l'amitié prennent le pas sur l'étiquette.

Dès le soir de ce jour nous sommes informés que le lendemain nous rencontrerons l'ennemi. Les rapports arrivent sur les positions occupées par les prussiens. M. le capitaine Jourdan , commandant les éclaireurs volontaires des mobiles du Gard , a poussé très-loin ses reconnaissances , il a bien fouillé le pays et a été assez heureux pour faire une bonne prise. Nous écoutons avec bonheur son récit, et l'espoir d'un succès anime nos courages.

Je fus très-heureux de me retrouver avec M. Jourdan pendant quelques instants. En octobre , à Plainville , j'avais connu ce brave capitaine, remplissant avec succès la mission si périlleuse des éclaireurs , dans la compagnie commandée alors par M. Bayle.

Le 2 janvier, au lever de l'aurore, nous entendons un murmure confus formé de voix d'hommes, de cliquetis d'armes, de roulements de canons , de caissons de voitures , de pas de chevaux. Ce sont les colonnes qui se forment et se mettent en marche. Nous quittons avec bonheur le triste château d'Agny, et prenant notre position de marche, nous nous dirigeons vers Bapaume.

Nous traversons plusieurs villages sans qu'un seul soldat sorte des rangs. Notre discipline est bien rétablie, et nous le devons à l'énergie des généraux et des officiers qui veillent avec un soin attentif sur leurs troupes.

Vers les dix heures du matin , au loin sur la route , des casques pointus se montrent : les prussiens ! voilà les prussiens, et chacun de s'apprêter à les recevoir... mais au bout de la lance, messieurs les uhlans avaient le drapeau parlementaire.

Nous faisons halte , les pieds dans la neige , pendant une demi-heure, cherchant à l'horizon si nous pourrons découvrir d'autres lances sans ce drapeau parlementaire, dont les prussiens abusaient volontiers , pour se protéger, et duquel ils faisaient peu de cas lorsqu'il était porté par l'un des nôtres; témoin notre parlementaire tué à la reprise de Ham, malgré son drapeau blanc.

L'officier de uhlans passait sur notre front et nous lançait des regards de mépris. Cet imberbe au casque à pointe aurait pu payer cher son regard provocateur si nos troupiers n'avaient su contenir leur indignation. Dans les rangs on sentait courir un frémissement de colère, la main droite semblait se porter d'elle-même à la cartouchière.

Que vient donc faire ce monsieur? sans doute, il veut abriter son espionnage sous un drapeau que nous savons respecter, disaient entre eux nos soldats. En effet, la mission du prussien n'était point parfaitement définie, et ordre fut donné de le confier à une bonne garde, et provisoirement, de le retenir prisonnier.

Nous voici dans le petit village d'Anescamp. Le jour de Noël nous y fîmes la grande halte, et c'est dans sa petite église que j'offris le saint sacrifice. Les habitants sont dans une très-profonde désolation ; les prussiens viennent de se retirer à notre approche, laissant ce pauvre village réduit à la famine.

Nous marchions sur Bapaume par quatre routes parallèles. L'avant-garde de notre colonne entrait dans Bucquoy pendant que les prussiens en sortaient. Il n'y a eu là aucun combat, l'ennemi ne se sentant pas en force.

En sortant de Bucquoy nous entendons le canon gronder près de nous.

C'est la 2ᵉ division du 22ᵉ corps qui déloge l'ennemi d'Achiet-le-Grand occupé par 2,000 hommes, avec 3 pièces de canon. Après un vif combat, il est chassé d'Achiet, de Bihucourt, et poursuivi jusqu'aux environs de Bapaume, en éprouvant des pertes sensibles.

En même temps la division Payen qui avait suivi la grande route de Bapaume par Boyelles et Ervillers, attaquait vigoureusement le village de Béhagnies fortement occupé par l'ennemi.

Les paysans nous assuraient que les prussiens étaient en petit nombre, mais ils se trompaient dans leurs appréciations. Nos troupes parvinrent à occuper les premières maisons du village pendant qu'on essayait de le tourner. Ce mouvement ne put réussir, car il fut arrêté par la nombreuse cavalerie de l'ennemi à laquelle nous n'avions à opposer que de l'infanterie. Le combat dura toute l'après-midi, et nous eûmes une centaine de tués ou blessés. Les pertes de l'ennemi furent plus sensibles: il laissa entre nos mains une cinquantaine de prisonniers dont un officier.

Ne pouvant enlever la position de Béhagnies, la division Payen rentra à Ervillers sans être inquiétée. De notre côté, n'entendant plus le canon, nous prîmes notre cantonnement à Achiet-le-Petit. Dans la soirée je remplis mon ministère pour nous préparer à la bataille du lendemain.

Vers trois heures du matin j'entends sonner le clairon; est-ce l'ennemi, non; ce n'est point la sonnerie de charge, ni du boute-selle. On sonne au caporal, au sergent; il s'agit dans le milieu de la nuit de faire la distribution des vivres.

Combien de soldats se sont arrachés à leur sommeil pour courir à la distribution? Je ne sais, mais lorsque dès six heures du matin nous parcourûmes les rues du village, un spectacle curieux s'offrit à nos regards. Ceux que le clairon n'avait pu éveiller couraient partout. après les chefs d'escouade, l'un demandant le pain, l'autre réclamant la viande, celui-là du riz, cet autre du sucre; c'était une vraie Babel. Les aides-de-camp criaient, tempétaient, couraient partout de maison en maison, sur les places, dans les rues et ruelles, il fallait vivement organiser le départ et attaquer l'ennemi au plus vite.

Parmi les soldats, ceux que je vis moins prompts appartenaient à certains régiments de mobiles. Ces jeunes gens, presque toujours les mêmes, se plaignaient du manque de vivres, lorsque leurs camarades avaient toutes leurs rations.

Enfin, à sept heures du matin, les colonnes s'ébranlent et bientôt le village reprend sa calme physionomie, pendant qu'auprès de leurs foyers, des mères, des sœurs, des épouses égrainent leur chapelet demandant à la Vierge la conservation des êtres qui leur sont chers. En longeant les maisons du village j'entrevis plus d'une fois le touchant tableau d'une famille agenouillée et priant Dieu pour notre salut.

Au grand jour nous approchons des lignes ennemies pendant que notre armée étend ses bras dans la plaine. Nous étions placés à cheval sur la route qui conduit d'Achiet à Bapaume. Le général Lecointe entouré de son état-major s'avance vers le premier village occupé par l'ennemi, qu'il s'agit de déloger rapidement et à la baïonnette. Pour accomplir cette action les chasseurs avancent au pas de course, baïonnette en avant.

Pendant que s'exécute cette manœuvre, des ennemis postés dans le clocher du village à environ quatre cents mètres, nous prennent pour point de mire. Bientôt les balles sifflent à nos oreilles et viennent casser devant nous et autour de nous les mottes de terre gelées. Nous mettons pied à terre et nous nous déployons en tirailleurs, ce qui dérange un peu le tir de l'ennemi et le rend à peu près inoffensif. Personne de nous ne fut atteint.

Les petits chasseurs, tous bien jeunes, car beaucoup n'avaient pas atteint leur vingtième année, venaient d'enlever le village à la baïonnette et nous frayer ainsi la route de Bapaume.

Nos batteries prennent d'excellentes positions et parviennent à faire tant de mal à l'ennemi qu'à onze heures du matin le canon prussien se tait.

Pendant longtemps je vis le général Lecointe rester à cheval auprès de l'une de nos batteries, encourageant par son sang-froid et son intrépidité, chacun à faire bravement son devoir. Je me trouvais moi-même au milieu de nos batteries suivant attentivement toutes les phases de la lutte.

Le feu ennemi éteint, nous nous portâmes rapidement sur le petit village d'Avesnes, à quelques cents mètres de Bapaume, et nous serions entrés immédiatement dans la ville si l'ennemi n'avait massé de profondes colonnes d'infanterie à l'entrée du faubourg d'Arras.

Un feu très-vif de mousqueterie accueillit le 91e de ligne avec lequel je me trouvais. Il me fallut bien vite descendre de cheval, courir environ cinquante mètres sur la route qu'enfilaient les balles, et m'abriter derrière l'angle d'un bâtiment pendant que les coups de feu atteignaient ce bâtiment partout et perçaient ses murs en torchis de terre.

Je fis mon acte de contrition, car je croyais vraiment arrivée ma dernière heure. Depuis longtemps déjà je n'entendais plus que le sifflement des balles, la grande voix du canon ne retentissant plus. Il était pénible en effet de commander le feu contre une ville française. On résolut enfin de lancer des obus au moins sur le faubourg, et quelques-uns sur la ville. L'ennemi cessa aussitôt son feu de mousqueterie pour se retirer en arrière, afin de ne point se laisser couper, et je pus quitter ma retraite.

Un incendie se déclara dans le faubourg de Bapaume: fut-il allumé par les prussiens ou par nos obus? Je ne pus le savoir.

Vers trois heures les prussiens dissimulaient un mouvement tournant sur notre droite, en se couvrant sous le village de Tilloy, lorsque le général Lecointe soupçonnant cette ruse, souvent répétée, fit éclairer ce village par les dragons du Nord, et acquit la certitude du mouvement qu'il prévoyait.

La brigade du colonel Pittié fut lancée à l'attaque de ce village et l'emporta malgré la plus vive résistance.

Sur la fin de l'action, je vis un officier d'artillerie posté dans un arbre et dirigeant le feu de sa batterie du haut de son observatoire.

J'en connais un autre qui, pour bien voir l'ennemi, se tient presque toujours debout sur l'affût d'un canon. S'il me fallait citer tous les traits de bravoure dont je fus témoin, de la part de nos officiers de l'armée du Nord, je sortirais du cadre que je me suis tracé pour consigner mes souvenirs.

Cette journée de Bapaume a procuré à nos armes un succès incontestable. J'ai vu fuir les prussiens, je les ai vus se débander et perdre toute leur assurance. Ils étaient cependant, et comme toujours, en grand nombre, et n'avaient jamais devant eux que de fort jeunes troupes.

Nous pouvions profiter de notre succès et nous porter en avant, mais il y avait à craindre un retour de l'ennemi, appuyé par des troupes fraîches, tandis que nous ne pouvions opposer que des soldats fatigués par des journées entières de combat.

Le soir de ce jour, nos troupes se cantonnèrent dans les villages, la plupart pris d'assaut, et le lendemain, pour éviter un retour offensif et procurer à nos soldats quelques jours de repos, nous nous retirons un peu en arrière et vers Arras.

A la bataille de Bapaume je fus témoin du courageux dévouement de plusieurs aumôniers. Les RR. PP. Jouin et Altmayer, des frères prêcheurs de Lille, le R. P. Sommervogel de la Société de Jésus, se promenaient au milieu du champ de bataille pour prodiguer leurs soins aux blessés, sans prendre garde aux projectiles qui pleuvaient de toutes parts. Tous ceux des aumôniers que j'ai pu voir et connaître étaient vraiment des prêtres français. Le soir de la bataille, l'état-major du 22e corps se retrouve au complet à Achiet-le-Grand, et tous nous nous félicitons d'abord du succès de la journée et ensuite du bonheur d'avoir échappé à la mort.

4 janvier. — Dès le matin de ce jour, nous nous reportons en arrière, notre quartier général du 22ᵉ corps étant fixé à Boiry-Saint-Martin, et le grand quartier général à Boisleux.

10 janvier. — Depuis le 4 jusqu'à ce jour, nous avons pris quelque repos, tous nous en sentions le besoin. Ce séjour a été marqué pour moi par une de ces émotions capables d'ébranler les plus forts courages.

Assister les moribonds sur leurs lits de douleur est toujours très-sensible au cœur du prêtre, mais c'est la maladie, ou la vieillesse qui conduit le moribond aux portes du tombeau et qui le dépose dans sa dernière demeure ; le malade se prépare insensiblement à ses derniers moments, et il semble que l'on doit plus facilement quitter la vie.

Mais mourir comme devaient mourir les quatre jeunes gens contre lesquels la Cour martiale venait de prononcer son arrêt !........

M. le colonel de Gislain me rencontrant dans la rue, au moment où avec le général Lecointe et quelques officiers de notre état-major, nous venions de faire une reconnaissance, me dit : « mon cher aumônier, vous avez ici une œuvre de dévouement à accomplir. La Cour martiale vient de condamner à mort deux soldats de la ligne et deux mobiles, pour désertion devant l'ennemi, je les confie à votre charité pour les préparer à bien mourir. »

Pauvres gens, nous voici réunis dans un mauvais cabinet attenant à la mairie de X..... Dans l'âtre flambe un feu dont la flamme vacillante, tantôt montant, tantôt faiblissant, menaçait sans cesse de s'éteindre.

Ils étaient là tous quatre, regardant tristement ce triste feu, impassibles, muets, atterrés... M. l'aumônier, nous n'avons rien fait de mal, nous ne sommes pas condamnés, n'est-ce pas ? Oh non, nous ne pouvons mourir si jeunes... Ils cherchaient une réponse dans mon regard, mais la pâleur de mon visage et mon silence leur fit sans doute comprendre la vérité.

Bientôt, nos sanglots et nos larmes se confondirent !... pauvres jeunes gens, courage, prenez courage, élevez vos cœurs vers Dieu ; invoquez-le de toute l'ardeur de vos âmes, rien n'est perdu encore !... Pensez à votre mère du ciel !... Les consolantes paroles que Dieu m'inspira ramenèrent quelque confiance, je promis de prendre en mains leur cause, et, annonçant mon retour avec un confrère, je sortis, le cœur et le corps brisés.

Dans la soirée, le R. P. Sommervogel, et moi, revinmes auprès de ces infortunés, ma démarche n'avait pas eu d'effet, et il fallait se résigner. Cependant, nous ne perdions pas tout espoir, et en essayant de le faire partager à nos pauvres condamnés, nous pûmes les réconcilier avec Dieu. Dans l'accomplissement de ce douloureux ministère, nous passâmes une partie de la soirée.

Le lendemain, dès quatre heures du matin, nous quittons le village dans lequel nous étions cantonnés, pour nous rendre au village où devait avoir lieu l'exécution. Nous pûmes nous convaincre en route que la discipline était bien établie dans notre armée. Partout les sentinelles veillaient attentives et à travers les ombres de la nuit, nous apercevions les sentinelles postées de distance en distance, dans la plaine, et se répondant pour éviter toute surprise du sommeil.

Arrivés au corps de garde qui devait fournir l'escorte des condamnés, chacun repose paisiblement, pendant qu'un seul veille. Le sergent appelé, est très-étonné de nous voir. Mais, comment vous êtes-vous dérangés de si loin, ne vous a-t-on pas prévenu ? Il y a sursis par ordre du Général en chef. Oh bonheur!... pauvres jeunes gens, nous avions raison d'espérer. A la victoire que vos frères ont remporté sur les prussiens, à Bapaume, vous devez cet acte de haute clémence du Général en chef.

Le 10 janvier, nous reprenons notre course en avant. L'armée entière s'ébranle et se porte de nouveau sur Bapaume et Albert. Le quartier général du 22ᵉ corps, s'établit au village d'Ayette, où nous arrivons après une nombreuse avant-garde. Il est difficile de se procurer un logement. Je suis chargé de ce soin, pendant que mon ami le chef d'escadron Pigouche, s'occupe de nos chevaux.

Depuis plusieurs jours, je ressentais une très-vive douleur sur le cou-de-pied ; une petite plaie s'était formée, et le médecin m'avertit de bien prendre garde à cette plaie, si je ne voulais pas m'exposer à perdre le pied. Il fallait marcher tout boitant, cherchant partout un gite : je parvins enfin à trouver, mais quel logement ! après la première nuit passée dans l'insomnie, nous préférâmes un petit coin où nous ne serions pas exposés à entendre tous les propos d'un corps de garde.

APRÈS LA BATAILLE DE SAINT-QUENTIN.

Du village d'Ayette, nous sommes revenus à Achiet-le-Petit, que nous avions déjà occupé. Un jour de repos nous fut accordé, car la marche était très-fatigante.

Le 14, nous couchions au petit village de la Boisselle, sur la route d'Albert à Péronne. Nous arrivâmes sur les quatre heures, dans ce village que les prussiens venaient d'évacuer à notre approche. Pendant la marche de ce jour, nous fûmes très-inquiets à un moment, car nous étions sur une route encaissée, et que les prussiens pouvaient dominer s'ils avaient connu notre position.

Le 15, est le saint jour du dimanche. Il fait un froid pénétrant, et nous plaignons sincèrement nos pauvres soldats, mobiles et de l'armée régulière, de n'avoir d'abris que dans les granges. A peine osons-nous sortir, et pendant que le thermomètre s'acharne à nous indiquer bien des degrés sous zéro, nous étudions la carte de Péronne et complotons pour enlever la place par un coup de main, pendant la nuit du 16 au 17, si la gelée persévère.

Dès le 15, au soir, nous sommes informés que notre quartier général pour le lendemain, sera au village d'Étriscourt.

Le froid si vif de la veille est remplacé par un air plus tiède : le dégel commence et se poursuit rapidement. Vers la fin du jour, notre marche se trouve fortement contrariée par la difficulté de conduire les canons et les caissons. Tout s'embourbe, hommes, chevaux et voitures ; une division ne peut même prendre ses cantonnements, et plusieurs détachements sont dans l'impossibilité d'arriver aux postes qui leur étaient assignés.

A certains endroits des routes, de profondes ravines creusées par la fonte des neiges, arrêtent la circulation. Nous arrivons enfin au quartier général, non sans encombre dans la marche. A cause de mon pied malade, j'étais monté dans une carriole qui me fit, par ses soubresauts, renoncer à ce mode de locomotion.

Nous quittons Étriscourt en bon ordre, le matin, pour nous porter sur Vermand. Arrivés à un kilomètre de Nurlu, route de Péronne, les troupes s'arrêtent, et une vive canonade s'engage contre les prussiens qui sont repoussés après une heure et demie de combat, et nous continuons notre route après cet arrêt forcé, jusqu'à Vermand.

Nous connaissons nos hôtes du mois de décembre, M. le Doyen, M. Bonaire, notaire, etc..., nos loisirs très-courts furent consacrés à nous raconter ce qui nous était arrivé en campagne depuis notre départ de Vermand pour Ham.

Le 18, nous marchons vers l'Est, en contournant St-Quentin. Au sortir de Vermand, notre Général avec son état-major seul, se dirige par une petite route vicinale, vers le gros de nos forces. Mais, avant d'arriver auprès des nôtres, nous sommes en vue de quelques uhlans. Deux cavaliers de notre escorte se détachent et sont bientôt suivis par deux officiers, et la chasse commence.

Un peu plus loin, sur la route de Ham, à St-Quentin, les cavaliers ennemis se montrent plus nombreux. Nous parvenons enfin à poursuivre notre route pendant que sur nos flancs nous voyons courir les éclaireurs ennemis. La cavalerie nous faisant défaut, la poursuite était impossible. Tous nos mouvements étaient donc parfaitement surveillés, et nous attendions d'un instant à l'autre, l'attaque de l'artillerie et de l'infanterie.

Nous déjeunions au village de Grand-Essigny, lorsque la voix du canon nous appela: nous partîmes aussitôt au son de cette grande voix. Mais avant notre arrivée sur le lieu de l'action, tout était fini. Les prussiens avaient fui.

Ces attaques incessantes ajoutées à l'une des marches les plus pénibles que l'on puisse imaginer, avaient affaibli les forces physiques de notre armée, mais n'avaient pu abattre son courage.

Le soir du 18, l'état-major du 22ᵉ corps s'établit au village de Grand-Essigny; le corps d'armée s'y trouve presque au complet et se loge dans ce village, comptant environ 800 habitants.

A deux heures du matin, les forces ennemies se massaient auprès du village, au nombre d'environ 20,000 hommes. Nous pouvions être pris dans un cercle de fer et obligés de nous rendre, si nous ne faisions toute diligence pour nous concentrer avec les autres troupes.

Il est trois heures du matin, et ordre est donné silencieusement de se préparer au départ.

Toute la colonne s'ébranle à cinq heures, et lorsqu'à six heures, les prussiens cernent complétement le village, ils le trouvent évacué. Nous n'avions pas un traînard.

A huit heures et demie nos batteries étaient en position et pouvaient riposter au feu de l'ennemi. Dans le petit village de Gauchy, les soldats étaient à la *popotte*, nous nous disposions à faire notre premier repas.

De la voiture aux bagages venait de sortir notre précieuse caisse de vivres: le cuisinier avait revêtu les insignes de sa profession; il étalait complaisamment les conserves et la viande fraîche. Nous avions juste le nécessaire pour la journée.

Pendant ces préparatifs, nous voyons arriver courrier sur courrier. Le général du Bessol et les officiers supérieurs tiennent conseil de guerre chez le général Lecointe. On signale l'arrivée de l'ennemi: le canon gronde, les clairons sonnent la charge. Les soldats renversent leurs marmites, bouclent les sacs, sautent sur les faisceaux, et avec l'élan et l'ardeur des vieux troupiers, marchent à la rencontre de l'ennemi. Nous sommes tous à cheval et suivons notre général.

Le déjeuner est remis à plus tard. Sur le champ de bataille, le 22ᵉ corps occupe l'aile gauche et appuie le centre.

Pendant que sur un petit monticule, nous examinons la position de l'ennemi, nous tenant groupés, les longues-vues dans la direction des prussiens, de nombreuses balles nous sifflent aux oreilles. D'où peuvent-elles venir?... Tous nos troupiers marchent bravement en avant.

Nous ne prenions pas garde à une haie longue et touffue qui se trouvait à 400 mètres devant nous. Les petits flocons de fumée qui filtrent à travers la haie nous signalent un voisinage dangereux, et aussitôt une compagnie de chasseurs à pied se lance au pas de course. Environ 400 hommes fuient pour rejoindre leur corps et beaucoup d'entre eux tombent le visage dans la boue. Nos chasseurs visaient juste.

De notre observatoire nous embrassions au moins les trois quarts du champ de bataille, qui formait environ les deux tiers d'un cercle autour de Saint-Quentin. Nous étions au milieu de notre aile gauche, et pouvions juger des effets produits par les obus mitrailleurs que lançaient sans discontinuer les batteries de 4 placées au Moulin-à-tout-Vent.

L'ennemi, trompé par les terribles ravages de la mitraille, était persuadé avoir devant lui, à 1200 mètres, une ou plusieurs batteries de mitrailleuses, et s'efforçait de descendre pour les enlever.

Lorsque la masse noire s'avançait pour descendre la crète, nos batteries tiraient et en peu d'instants le désordre se mettait dans les rangs de l'ennemi. Il revenait bientôt après pour se voir encore mitraillé et refoulé. Avec le commandant Pigouche, je me rendais près d'une batterie: un obus passe entre nos chevaux et nous couvre de boue sans éclater.

Les blessés qui pouvaient, après un premier pansement, se rendre à Saint-Quentin, évacuaient le champ de bataille; mais les pauvres soldats dont les blessures nécessitaient une opération chirurgicale, restaient couchés dans la boue, faute de voitures pour les emporter. M. l'Intendant du 22e corps se multipliait pour faire face à toutes les difficultés de sa position, mais ne pouvait suffire à tout.

Je partis donc au galop vers l'Hôtel-de-Ville de Saint-Quentin, demander à la Mairie de nous procurer des voitures en nombre pour enlever les blessés. Lorsque je quittais le champ de bataille à deux heures, notre centre venait de ployer sous un choc formidable, pendant que notre gauche et notre droite maintenaient leurs positions. Mais bientôt en face des renforts sans cesse croissants qui arrivaient de de toutes parts, nous dûmes battre en retraite sur la ville; il n'était pas possible de tenir plus longtemps. Nous avions devant nous 75,000 hommes, et notre armée, réellement engagée, ne comptait guère que 25,000 hommes. Les prussiens avaient une très-forte artillerie, composée de pièces à longue portée et à tir rapide, nos pièces étaient en bien moins grand nombre, la plupart ne pouvant rivaliser avec le tir de l'ennemi comme portée. Chez nous la cavalerie avait quelques escadrons, chez les prussiens elle se nombrait par régiments. Néanmoins, malgré cette disproportion numérique, malgré le désavantage naturel qu'ont les jeunes troupes contre des troupes bien aguerries, nous avons tenu tête à l'ennemi depuis neuf heures du matin jusqu'à l'évacuation complète de la ville, vers six heures du soir.

Les abords de la gare étaient difficilement praticables vers cinq heures, il fallait passer sous une pluie d'obus. L'artillerie prit le trot et nous suivîmes, deux officiers et moi, jusqu'au dehors de la ville. Ces messieurs indiquaient la route que devait prendre l'artillerie. Sur la voie ferrée, marchaient en ordre et silence de nombreux bataillons. Pendant environ deux heures la retraite s'effectua en assez bon ordre, mais à partir de huit heures, la retraite devint une déroute.

Les hommes, épuisés par les marches des jours précédents et par les fatigues de la journée, tombaient sur la route, s'arrêtaient dans les villages pour boire et manger, (on n'avait rien pris depuis cinq heures du matin) puis repartaient pour rejoindre leurs compagnies. Toutes les armes se trouvaient confondues ; beaucoup d'hommes n'avaient plus de chaussures. Enfin c'était un spectacle navrant de voir cette pauvre armée obligée de fuir devant un ennemi contre lequel elle se battait si bravement.

Dans l'obscurité, nous n'avons pu tous suivre notre Général : lorsque j'appelais les officiers, j'entendis deux ordonnances me répondre : nous ne savons plus les trouver ; c'est vous, monsieur l'aumônier ?

Dans la profondeur de la nuit, le blanc du brassard des ambulances me fit reconnaître, et j'arrivais à Busigny à onze heures du soir, après avoir rallié une partie de l'escorte et quelques ordonnances.

La journée du 20 fut au moins aussi triste que la soirée du 19. Chaque soldat isolé cherchait son régiment. Pour nous, nous arrivâmes à Valenciennes, et le lendemain nous fûmes dirigés sur Douai.

Après quelques jours de repos pris à Douai, où un excellent accueil nous fut réservé auprès de M. Paul, premier président, chez M. Preux, avocat général, et en un mot, chez toutes les personnes qui nous reçurent, nous primes le 26 janvier, la route de Cambrai, où venait s'établir notre quartier général.

Nos pertes, à la bataille de Saint-Quentin, furent d'environ 3,000 hommes hors de combat, tandis que les prussiens auraient eu environ 5,000 hommes tués ou blessés.

Pendant la bataille, nous eûmes la douleur de perdre, au milieu de beaucoup de braves, un officier distingué, le colonel Aynès. Le général du Bessol qui, le 27, à Villers-Bretonneux, avait déjà été blessé, fut gravement atteint et dirigé immédiatement sur Lille.

Dès le 10 février, notre armée était réorganisée et pouvait reprendre la campagne. Malgré toutes les fatigues précédentes, on sentait que chacun marcherait courageusement contre l'ennemi.

1er février. — Depuis plusieurs jours, nous sommes dans la ville de Cambrai, cherchant à dissiper nos ennuis et à nous remettre de nos fatigues.

Pour mon compte, je suis encore sous l'impression de l'accomplissement d'une mission bien pénible.

Le 30 janvier, dans la soirée, le colonel de Gislain m'annonça qu'une fois encore, il faisait appel à ma charité, en faveur d'un soldat du génie, que la cour martiale venait de condamner à mort, pour désertion devant l'ennemi et vente d'effets militaires. Je poussais un profond soupir: je me rappelais les quatre jeunes gens qu'il fallut préparer, lorsque notre quartier général était à Boiry.

A dix heures du soir, j'arrive à la prison: le condamné sommeille sur un lit de planche; il se lève bien vite et me dit: Monsieur l'aumônier, je suis condamné, n'est-ce pas? Demain, il me faudra mourir, et si jeune encore, je n'ai que vingt-quatre ans. — Espérez encore, naguère la clémence du Général en chef s'est exercée envers quatre de vos camarades. Priez Dieu, recommandez-vous à vos saints patrons, et s'il en est temps encore, je ferai une démarche en votre faveur.

Pendant une heure, je prodiguais tout ce que je pus trouver de plus encourageantes et plus consolantes paroles, promettant de revenir le lendemain de très-bonne heure.

La clémence exercée une fois n'avait pas de retour, et la sentence prononcée devait recevoir son exécution. Aussi, dès cinq heures du matin, j'arrivais à la prison. En me voyant entrer, Nicolas L... poussa un profond soupir. Monsieur l'aumônier, je dois me préparer à la mort?... Mon silence répondit.

Aussitôt le pauvre Nicolas se mit à genoux, fit l'aveu sincère de ses fautes, avec de bien vifs sentiments de contrition, et ranimé par l'assurance du pardon, se leva prêt à nous suivre. Avant de sortir de la prison, il me dit: Monsieur l'aumônier, voici mon portefeuille et toutes mes lettres, lorsque je ne serai plus, vous les brûlerez, afin que personne ne les puisse jamais connaître. Mon porte-monnaie contient huit francs, les voici; vous les donnerez en mon nom, pour mes camarades blessés. A cinq heures et demie du matin, nous quittons la prison, et traversons les rues silencieuses et désertes de la ville, ayant quatre gendarmes pour escorte. Nous avons franchi les ponts-levis et toute l'enceinte, nous contournons un peu les remparts, et à la pointe du jour, nous arrivons, après une heure de marche, au village où doit avoir lieu l'exécution.

Pendant le trajet, le condamné récita avec moi le chapelet et écouta ensuite attentivement les exhortations que je lui adressai de temps à autre. Arrivés à l'église, j'offris le saint sacrifice, pendant lequel le pauvre Nicolas pria avec une grande ferveur. Il reçut en son cœur le Dieu clément, le Dieu fort, et il lui offrit le sacrifice de sa vie.

Après la messe, M. le Curé offrit un verre de vin ou tout autre chose que pourrait désirer le pauvre Nicolas, mais il n'accepta qu'un verre de vin.

Nous marchons pendant près de 25 minutes, unissant nos prières et confondant nos sentiments dans une même douleur.

Au milieu des champs se trouve une briqueterie: c'est là que nous apercevons le peloton d'exécution, et à trente mètres en arrière, l'arme au pied, toute la compagnie à laquelle appartient le pauvre Nicolas L....

Après une dernière absolution, j'embrasse mon pauvre pénitent, et à peine retiré à quelques pas en arrière, une décharge foudroye la victime.

Après l'armistice proclamé le 27 janvier, nous sommes définitivement installés à Cambrai, et nous nous préparons à reprendre la campagne, si la paix ne se peut conclure.

Notre armée était bien réorganisée et malgré nos pertes, nous avions encore près de 40,000 hommes à mettre en ligne, lorsque le 15 février, M. le Ministre de la Guerre, ordonna que le 22e corps, fort de 18,000 hommes et dix batteries d'artillerie, s'embarquerait à Dunkerque, pour se rendre à Cherbourg, et se joindre à l'armée du Cotentin, réunie dans la presqu'île de ce nom et à Cherbourg.

Le 20 février, nous arrivâmes à Dunkerque, et nous fûmes dès le lendemain embarqués à bord du Panama.

25 février. — Notre traversée a été très-heureuse. Sur plus de 1,400 hommes à bord, il n'y eut point de malades. Nous arrivions en rade le 22 à huit heures du soir: il fallut remettre au lendemain le débarquement. Dès le matin du 23, à la pointe du jour, nous montons sur le pont. Nous étions en face des collines qui dominent Cherbourg, et nous admirions la ville assise au bas des rochers et sur le bord de l'Océan. Pour la première fois depuis des mois, nos regards se reposaient sur la verdure; c'est qu'en effet, nous sortions des plaines du Nord, si mornes en hiver, pour nous rendre dans un pays riche en gras pâturages.

Pendant les jours du débarquement, et jusqu'à ce que le 22ᵉ corps fut descendu dans la presqu'île du Cotentin, nous restâmes à Cherbourg. Quiconque a vu cette baie magnifique, comprendra combien nous étions heureux de nous délasser en face de ces sites pittoresques qui couronnent la ville.

5 mars. — Le 3 mars nous quittons Cherbourg pour nous rendre à Saint-Lô, notre nouveau quartier général. Pendant le voyage, qui se fit en chemin de fer, nous pouvons nous convaincre des difficultés insurmontables qu'auraient rencontré les prussiens, s'ils avaient tenté une marche sur Cherbourg. Une immense nappe d'eau qui couvrait les prairies à perte de vue, rendait le passage impossible : de fortes pièces de marine, nombreuses et bien pourvues en artilleurs et en munitions, défendaient les routes. L'ennemi se serait trouvé devant une immense forteresse mesurant plus de 40 kilomètres de front, et inabordable à cause de l'inondation.

De Saint-Lô, nous nous étendions jusqu'à Coutances et Bayeux, ne nous disposant plus à marcher contre les prussiens, mais nous tenant prêts chaque jour à marcher contre un nouvel ennemi, l'ennemi intérieur, celui qui se préparait à faire de Paris, un monceau de ruines.

Après le licenciement des mobilisés, puis des mobiles, des engagés volontaires, que nous avions au 22ᵉ corps, il devenait évident pour tous, que nous allions successivement nous retirer. Je pris donc alors le parti de me diriger sur Paris.

Je fis mes adieux à nos officiers de l'état-major. Il nous était pénible de nous séparer, après avoir couru ensemble les dangers de la guerre, après avoir passé de bons moments dans des causeries amicales, scientifiques, etc..., et la veille de l'insurrection du 18 mars, j'étais à Paris.

4 avril. — Je l'ai vu la grande ville, avec ses flots de communards, de gardes nationaux, nuit et jour sonnant du clairon, battant la générale, faisant un tapage infernal, criant à la trahison, s'abandonnant au délire. Je les ai vus, volant les fusils de nos soldats, pour garder les canons qu'ils voulaient braquer contre les défenseurs de l'ordre. Les hommes généreux, qui, dans Paris, voulaient protester contre ces saturnales, se trouvaient réduits à l'impuissance, faute d'une direction énergique pour les grouper.

Le 1er avril, je veux sortir de Paris; un garde fédéré me crie: citoyen, on ne passe pas. Ce garde, moins farouche que d'autres, voyant que je ne le prends pas au sérieux, se tait et me laisse passer, et me voici sain et sauf, hors de la grande ville.

Dans les débuts du siége contre la Commune, j'accompagnais l'infanterie à Meudon, à Clamart, Bellevue, etc. Un peu plus tard, grâce au bienveillant accueil qui me fut fait à Versailles, j'étais accepté par M. le général de division, Halna du Frétay, pour remplir les devoirs de mon ministère dans la 1re division du 3e corps d'armée (cavalerie).

31 mai. — Vers la fin d'avril, le quartier général de la division fut transporté à Juvisy-sur-Orge. De ce point, on surveillait les mouvements des insurgés et on les empêchait de franchir le cordon de fer et de feu qui, de Juvisy au Mont-Valérien et à Montretout, fermait Paris.

La cavalerie, dans plusieurs rencontres, éprouva des pertes peu sensibles. Nous eûmes dans trois affaires, une vingtaine de blessés.

L'engagement le plus sérieux pour la cavalerie eut lieu le jour de l'entrée de nos troupes dans Paris, le dimanche 24 mai. Choisy-le-Roi fut vigoureusement attaqué, et les fédérés repoussés jusqu'à Vitry-sur-Seine. Le vendredi suivant nous quittâmes Juvisy pour venir nous établir à Vitry-sur-Seine. La veille, la cavalerie s'était emparée du fort d'Ivry, et avait ainsi acculée l'insurrection derrière le mur d'enceinte, pendant que le reste de l'armée la poussait vigoureusement jusque dans ses derniers retranchements.

Le jour de la Pentecôte, l'insurrection était vaincue, mais Paris brûlait. Avec quelques officiers, nous visitâmes la malheureuse ville le lendemain de ce jour, et nous fûmes affligés du spectacle qui s'offrit à nos regards attristés.

16 juin. — Me voici à quelques kilomètres de Plainville. Depuis le premier juin, je me dirige à petites journées vers ma chère paroisse, qui attend mon retour avec impatience.

18 juin. — Ici se termine mon récit. Le compte-rendu qui suit, m'est offert par l'un des témoins de mon retour, avec prière de le communiquer aux personnes qui ont mis dans la nouvelle Église de Plainville, un grain de sable, une brique ou une pierre.

COMPTE-RENDU

DE L'ARRIVÉE DE M. L'ABBÉ STERLIN

DANS SA PAROISSE.

Le samedi 17 juin, vers trois heures de l'après-midi, plusieurs compagnies de sapeurs-pompiers, venues des communes de Plainville, Broyes et Welles-Pérennes, se réunissaient et se dirigeaient avec un empressement unanime sur la route de Montdidier. Le bruit des tambours et des clairons faisait résonner les échos d'alentour, et la voix harmonieuse de quatre cloches lancées à toute volée, acclamait de loin celui dont nous allions tous fêter l'heureux retour.

On était arrivé à l'extrémité du village de Welles; à un signal donné, la foule s'arrête. On regarde, et dans le lointain on aperçoit deux cavaliers qui s'avançaient en toute hâte. Des cris de joie et d'admiration s'échappent de tous les cœurs et de toutes les lèvres : « M. l'Aumônier, vive M. le Curé de Plainville, le voilà, disait-on. » C'était en effet, M. l'abbé Sterlin, qui, après plus de sept mois de cruelle absence, se rendait avec bonheur dans sa chère paroisse. Tous nous avions encouragé et béni son départ précipité ; tous nous venions alors lui apporter l'hommage de notre admiration avec celui de notre reconnaissance.

Et quel cœur plus patriotique et vraiment sacerdotal méritait mieux que lui cet hommage? Je le sais, toutes nos sympathies lui sont acquises d'avance. Car, est-il une science plus grande et plus belle que celle de savoir se dévouer pour une cause aussi noble et aussi sainte? Être engagé dans la carrière des armes par la nécessité du sort ou par le besoin qu'on a d'une profession quelconque ; y servir noblement son pays, c'est le commun métier du soldat: mais s'enrôler spontanément au service de la vérité et de la justice, courir à tous les dangers et tomber peut-être au milieu de la mêlée, victime de sa religion et de sa foi, c'est le comble de l'héroïsme, c'est le plus haut degré du mérite ici-bas; c'est le plus noble exemple donné à la génération contemporaine et aux générations futures. Or, voilà ce qu'a fait M. l'abbé Sterlin. D'une nature ardente, généreuse et inquiète, il a entendu la voix de nos frères, qui fut pour lui celle de Dieu, réclamer avec impatience le secours d'une main pieuse et amie; et aussitôt, sans compter avec sa vie, il s'arrache aux joies de sa famille éplorée, aux instances de sa paroisse où tant de souvenirs semblaient devoir le retenir; il consent enfin à s'éloigner de ce sanctuaire béni, naguère l'objet de ses vœux, aujourd'hui la gloire de ses travaux, de ce chef-d'œuvre digne de son cœur et de son zèle pastoral, pour aller affronter toutes les fatigues et les privations du soldat. Tous rendent un hommage éclatant à son courage et à son dévouement infatigable. On l'a vu à l'œuvre sur les champs de bataille, peu soucieux d'une vie qui était si chère; il volait partout où le fer des ennemis atteignait nos braves et prenant leur main dans sa main, il les consolait, les encourageait par son exemple et les aidait à bien mourir.

Dieu me garde toutefois de vouloir déprécier ici le ministère pastoral et de diminuer le mérite de ceux qui, sur un champ plus restreint, se dévouent au salut des âmes qui leur sont confiées. Mais aux grandes âmes, il faut de grandes entreprises, aux grands courages, il faut de grands travaux. Son ambition, disons-le, était de laver, même jusque dans son sang, l'eût-il fallu, toutes les hontes et tous les crimes dont nos ennemis ont souillé notre sol et nos églises. Aussi, autant son départ avait affligé sa paroisse, autant son glorieux retour la consolait. « Nous étions fiers de vous, M. le Curé, disait M. le Maire de Plainville, aujourd'hui nous sommes plus fiers encore. »

Ce fut la commune de Welles-Pérennes, qui, avant celle de Plainville, eut l'honneur de recevoir M. l'abbé Sterlin, et de le féliciter de son retour. Elle se souvenait avec reconnaissance des vingt-huit mois pendant lesquels il s'était concilié l'estime et l'affection de tous par son zèle tendre et généreux pour assurer ses plus chers intérêts. Aussi les deux compagnies de la commune s'étaient-elles empressées de courir à sa rencontre au-delà même du village de Pérennes. M. le Sous-Lieutenant prit la parole au nom de tous ses collègues et rappela combien était chère encore sa mémoire dans le cœur de tous ses concitoyens. Puis le précédant, ils vinrent rejoindre les deux compagnies de Plainville et de Broyes qui les attendaient à la rentrée du village de Welles. Là se trouvaient réunis M. le Maire de la commune et son Adjoint, M. le Curé et M. l'Instituteur, qui, lui-même dans cette circonstance, avait tenu à présenter à M. l'abbé Sterlin tous ses élèves, heureux d'honorer, autant qu'ils le pouvaient, celui qui, dès leurs plus tendres années, ils avaient appris à aimer et à bénir. Aussitôt un des enfants du pays que M. l'Aumônier avait élevé et qu'il avait, par une préférence due à ses mérites, associé aux travaux de son Église, se détachant des rangs, s'avance tout ému près de son bienfaiteur, et dans quelques paroles vivement senties, lui rappelle toutes les inquiétudes et les alarmes que lui-même, sa famille et tous ses amis avaient éprouvées pour lui, pendant ces pénibles journées où le feu de l'ennemi et les rigueurs de la saison avaient mis une vie si chère en danger. M. le Curé répondit, dans une chaleureuse improvisation, aux paroles qui venaient de lui être adressées, et s'attacha surtout à faire ressortir cette vérité trop oubliée de nos jours « que la religion seule est la source du véritable dévouement, et fait le bon et généreux citoyen comme le brave et intrépide défenseur de la Patrie. »

Son rapide passage à travers les rues de Welles-Pérennes fut pour lui une véritable ovation. Tous les habitants se pressant autour de lui pour lui témoigner leur reconnaissance, voulurent se joindre au cortége pour le conduire en triomphe, au bruit de la mousqueterie, jusqu'au terme de ses désirs et de ses pénibles labeurs.

Depuis longtemps déjà, M. l'abbé Sterlin recherchait d'un regard impatient le clocher de son église qu'il n'avait jamais perdu de vue, même au milieu des champs de bataille, lorsque tout-à-coup la flèche qui semblait alors s'élever comme par enchantement dans les airs pour guetter son retour, s'offrit à ses yeux resplendissant d'un nouvel éclat. Dire les impressions que cette vue fit naître dans son cœur, c'est impossible. Le cortége avançait toujours, et bientôt le majestueux édifice apparut dans tout son ensemble et toute sa splendeur. Jusqu'ici M. le Curé n'avait pas encore touché le sol de sa chère paroisse; une fois encore, avant de s'y reposer, son cœur devait être vivement éprouvé. Son frère qui l'avait

suivi pour partager ses dangers et servir comme lui nos
pauvres blessés, son cher frère qui avait été le dernier à le
quitter à Amiens, après la retraite de l'armée du Nord, voulut
être le premier à le féliciter de son heureux retour au sein
de sa famille et de sa paroisse de Plainville. Son émotion
fut grande en retrouvant dans le cœur et sur les lèvres de
ce frère l'accent de la plus vive et de la plus sincère amitié.
Le laconisme de sa réponse en est la preuve la plus directe :
« A de semblables paroles on ne répond que par un baiser. »
Aussitôt il descend de cheval et embrasse son frère avec une
effusion de joie indicible. »

A quelque distance de là, plusieurs ecclésiastiques, ses
confrères et amis, attendaient M. l'abbé Sterlin pour saluer
également son retour. M. le Maire entouré de ses Conseillers, se
fit un devoir, dans une circonstance aussi solennelle, de prendre
la parole au nom de ses administrés et d'interpréter les sentiments de tous ses concitoyens. Nous tenons à reproduire
intégralement son discours, persuadé que tout ce que nous
pourrions dire ici, atténuerait la délicatesse et la convenance
dont il est empreint. . . . .
. . . .
. . . .

M. le Maire de Plainville.

« Monsieur le Curé,

« Autant votre départ nous a tous affligés, autant votre retour
« si désiré nous remplit de joie, et comble notre vœu le plus cher.

« Nous savions bien que votre abandon ne pouvait être que mo-
« mentané, et que la paix vous ramènerait parmi nous ; nous tous
« qui vous aimons, nous n'en avons jamais douté. Notre affection
« nous répondait de votre affection, comme notre cœur nous ré-
« pondait de votre cœur.

« Plainville n'est-il pas vôtre désormais ?

« Et quand Plainville aspirait après vous, et vous réclamait de
« toutes ses forces, pouviez-vous même songer à vous dérober,
« à notre reconnaissance, à notre amitié, à notre dévouement.

« Nous savons qu'à votre âme généreuse, à votre cœur vaillant,
« il faut de grands travaux, et personne parmi nous, n'a éprouvé

« d'étonnement, quand nos frères de l'armée sollicitaient les soins
« de votre ministère , de vous voir voler aussitôt au milieu d'eux
« pour le leur offrir au milieu du carnage des champs de bataille,
« peu soucieux de votre vie , heureux de pouvoir servir à la fois,
« et notre religion et notre patrie.

« Nous étions fiers de vous, M. le Curé, aujourd'hui nous sommes
« plus fiers encore.

« Le concours de nos bons voisins qui ont tenu à s'associer à
« nous, prouve combien est légitime notre orgueil.

« Recevez donc, Monsieur le Curé, toutes nos félicitations ; mais,
« laissez-moi vous dire que cent fois nous avons tremblé pour une
« existence si chère et pourtant si prodiguée, et que nos prières
« se sont souvent élevées vers Dieu, l'implorant de nous la conserver.

« Et maintenant que vous nous êtes rendu , allons, allons tous le
« remercier avec effusion dans cette belle Eglise, — votre œuvre, —
« dont la flèche semble s'élever dans les nuages pour guetter votre
« retour ; et dont les cloches.... Écoutez ?.... vous saluent et vous
« appellent de leurs voix joyeuses.

« C'est que comme nous tous elles fêtent leur ami, leur père.

« Venez, Monsieur le Curé, vous êtes le bienvenu. »

« Plainville, le 17 Juin 1871. »   Hild. MOREL.

M. le curé profita habilement de cette circonstance où il
voyait les principaux membres de la commune réunis devant
lui, pour les encourager à vivre ainsi dans la paix et l'union,
et à mener à bonne fin la noble et glorieuse entreprise dont
il avait pris à lui seul toute la responsabilité.

Après de vifs applaudissements et les cris mille fois répétés
de: « vive M. l'Aumônier ! vive M. le Curé ! » Le cortége
toujours de plus en plus nombreux continue sa marche et se
dirige vers l'Église pour rendre grâce à Dieu. A l'entrée du
village de Plainville, un magnifique arc de triomphe avait
été dressé avec cette inscription : « Honneur à M. l'abbé
Sterlin. » Les jeunes gens, les hommes, les filles, les femmes,
tous avaient tenu dans la mesure de leurs forces et de leurs
ressources, à fêter le joyeux retour de leur bienfaiteur et de
leur père. A quatre reprises différentes, des paroles de féli-
citation lui furent adressées. M. le Curé répondit à chacun de
ces discours avec une facilité merveilleuse d'improvisation,
un tact est un à-propos qui provoqua l'admiration de tous
ceux qui l'entendirent. On était comme suspendu à ses lèvres

en l'entendant parler des malheurs de notre pays, et volontiers on admirait cet accent de patriotisme qui débordait de son cœur, et dont il voulait embraser l'âme de tous les assistants. Nous regretterions de ne pas citer quelques-unes de ces paroles qui nous frappèrent: « Notre France n'est pas vaincue, disait-il, elle subit le joug ennemi sans l'accepter; elle a été trahie, mais jamais elle n'a cédé. Aussi de pareils échecs ne terniront jamais la mémoire de nos braves défenseurs. Leur dévouement vraiment héroïque en suscitera d'autres, car en tombant ainsi, comme je les ai vus, ils ont laissé non-seulement à leurs frères d'armes, mais encore à toute la Nation, un grand exemple de vertu et de courage dans le souvenir de la mort. Donc, vive la France! Car un pareil succès ne justifie rien. »

Mais il lui tardait toujours de revoir et de contempler la magnificence de son Église, monument impérissable de son dévouement pour son pays et de son zèle pour la gloire de Dieu. Encore un instant, et St-Michel, l'Archange des grands combats, qui l'avait protégé à l'heure des dangers, St-Michel qui avait dit que ce chef-d'œuvre qui lui était dédié ne serait pas plus longtemps privé de son généreux fondateur, aura mis le comble à ses vœux. Les portes de l'Église s'ouvrent, et fendant avec peine la foule qui se presse aux abords, M. le Curé s'avance au milieu de plus de quatre-vingts pompiers jusque dans le sanctuaire, pour y remercier le Dieu qui l'avait si particulièrement protégé.

Lorsque les assistants eurent pris place dans l'Église, M. l'abbé Gossin, qui, lui aussi, avait si généreusement payé sa dette à la religion et à la patrie, en prodiguant pendant toute la durée de la guerre les soins et les consolations de son ministère à nos braves, mais malheureux défenseurs, et qui, après son retour avait encore dépensé ses forces au service des habitants de Plainville, M. l'abbé Gossin, dis-je, tint à honneur de féliciter M. Sterlin, depuis longtemps son confrère et son ami, et de lui dire au nom de tous et au nom du Dieu des armées qu'il avait bien fait. Vous me permettrez de citer les paroles par lesquelles du haut de la chaire de vérité il acclama son retour. . . . .
. . . .
. . . .

« Monsieur le Curé, cher ami et cher camarade,

« Déjà vos enfants et les autorités de la commune ont acclamé
« votre retour ; ils vous ont dit que malgré la douleur de la sépara-
« tion ils avaient compris et approuvé votre noble dévouement. Per-
« mettez maintenant à un ministre de Dieu, d'interpréter le langage
« secret du divin Maître, et de vous dire en son nom : Vous avez
« bien fait ! Vous avez honoré devant les hommes votre caractère
« sacré en montrant ce que sait être le prêtre quand la patrie en
« péril réclame le concours de tous les gens de cœur.

« Lorsque vous quittiez votre paroisse, l'horizon était bien sombre ;
« vous alliez à la peine, au danger, à la mort peut-être ; des cir-
« constances particulières qu'il faut oublier, avaient attristé votre
« départ ; votre âme sentait l'amertume du sacrifice, mais l'acceptait
« tout entier. D'ailleurs, vous étiez soutenu par la pensée que vous
« pourriez consoler vos frères arrachés aux douceurs du foyer,
« exciter leur ardeur, ranimer parfois leur courage, panser les
« blessures de leur âme et de leur corps, ouvrir le ciel aux mourants.

« A présent d'autres travaux vous réclament ; ils n'épuiseront pas
« en vous l'activité et l'énergie dont le monument qui nous ras-
« semble sera la preuve impérissable.

« Ah ! si le soldat échappé aux horreurs de la guerre éprouve
« une joie indicible à la vue de son clocher, quelle dût être votre
« émotion lorsque votre église vous apparut tout à l'heure ! Dieu
« vous y attendait pour vous bénir et en votre personne les âmes
« que vous avez aimées, la France que vous avez servie, l'armée
« dont vous avez partagé les glorieuses souffrances.

« St-Michel, l'Archange des grands combats vous y attendait aussi
« pour applaudir à votre courage, tout votre peuple pour chanter
« avec vous d'un seul cœur l'Hosanna triomphal et les cantiques
« de la paix. »

« PLAINVILLE, le 17 Juin 1871. »

Monsieur le Curé, vivement ému des nombreuses marques
d'affection que lui témoignaient ses confrères, ses paroissiens
et toutes les personnes venues des communes voisines, re-
mercia avec effusion M. l'abbé Gossin, le félicitant d'avoir,
lui aussi, mis son cœur et sa personne si généreusement au
service de nos soldats de l'armée du Rhin.

M. l'abbé Sterlin, dans l'Église que par ses labeurs il put
élever en l'honneur de St-Michel, appela la protection du
Saint Archange sur notre chère France, et conclut en disant

que par l'union de tous les cœurs vraiment français, notre pays reprendrait bientôt sa première place au milieu des Nations.

Avant de quitter l'Église, on chanta un salut d'actions de grâces auquel toute la foule assista pieusement. Plusieurs morceaux de chant accompagnés par l'orgue furent exécutés avec un majestueux ensemble. Toutes les voix aussi bien que tous les cœurs se confondirent pour élever jusqu'au ciel leur hymne de reconnaissance en mémoire de ce beau jour, qui fut pour M. l'abbé Sterlin, nous ne craignons pas de le dire, la démonstration la plus éloquente comme la plus sensible de l'attachement et de la reconnaissance qui anime le cœur de tous ses paroissiens et de tous ceux qui savent apprécier ses mérites.

Vers les sept heures du soir, M. le Curé, dont la générosité est toujours à la hauteur des plus solennelles circonstances, couronna cette belle journée en réunissant à sa table un certain nombre de convives, et en faisant préparer un confortable banquet auquel furent conviés tous ceux qui eurent quelque part dans cette cérémonie. Puis chacun se retira, emportant le meilleur souvenir de cette belle journée, et priant le ciel de bénir et de prolonger les jours de M. le Curé de Plainville.

UN TÉMOIN.

Depuis mon retour à Plainville, beaucoup de bienfaiteurs sont venus visiter l'Église. Tous ont été satisfaits et se sont empressés de déposer une nouvelle offrande, en témoignage de leur satisfaction pour le bon emploi qui avait été fait de la première.

Maintenant, nous pouvons implorer Saint Michel, en faveur de notre chère France, si éprouvée, et Lui demander de bénir toutes les personnes qui ont contribué à élever une Église en son honneur.

L'Abbé L. STERLIN,
Aumônier militaire,
Curé de Plainville.

MONTDIDIER (SOMME). — TYPOGRAPHIE A. RADENEZ.

LETTRE DE MONSEIGNEUR DE LA BOUILLERIE
ÉVÊQUE DE CARCASSONNE.

Carcassonne, le 23 novembre 186.

Monsieur l'abbé,

C'est le joli ouvrage que vous avez bien voulu m'adresser, et j'ai parcouru le plus vif intérêt me promettant [...] lecture [...]

[...]

LETTRE DE MONSEIGNEUR PIE,
ÉVÊQUE DE POITIERS.

Poitiers, le 25 mars 1871.

Monsieur l'abbé,

Les temps et les obstacles au milieu desquels nous avons vécu depuis plu-sieurs mois, vous expliquent suffisam-ment pourquoi j'ai tant tardé à vous remercier de votre travail très-instructif et très-complet sur St-Marcel. Il apparte-nait à un prêtre de ce beau diocèse de Coutances, au favorisé par le glorieux [...] Chappe, de raconter ses grandeurs et les [...] Dieu de sa puissance. Vous l'avez fait avec un talent et un savoir juste [...] à l'éloge [...] sacré de évêque. [...] plaisir à [...] pour vous féliciter, [...] votre livre de plus [...] qui est d'accroître [...]

Agréez, Monsieur l'abbé, à mes senti-ments bien dévoués,

† V. évêque de Poitiers.

[...]

LETTRE DE MONSEIGNEUR SAINT-MARC,
ARCHEVÊQUE DE RENNES.

Rennes, le 24 juin 1871.

Monsieur et cher vicaire,

[...] détails, [...] et je le crois [...] de bien, surtout [...] nous trou-[...] aura du bon succès, et le ver-[...] de répandre dans [...]

[...] vicaire, l'as-[...] de mes sentiments de la plus [...] en J.-C.

† G. archevêque de Rennes.

[...]

LETTRE DE MONSEIGNEUR [...]
ÉVÊQUE DE LAVAL.

Laval, le 11 mai 1871.

Monsieur l'abbé,

Forcé de me [...] de la ville épis-copale, Mgr l'évêque de Laval me charge de vous dire l'impression que lui a laissée la lecture de votre livre sur les St-Anges, et le jugement qu'il en porte.

C'est un ouvrage qui [...] achevé, une [...] accessible à tous [...] le bon que [...] vraiment de force de piété. A ce double titre, il est souverainement propre à rendre service aux âmes, en les instrui-sant et en les édifiant, et Monseigneur souhaite [...] répandu, dans son dio-cèse [...] l'un, autant qu'il peut [...]

Agréez, Monsieur l'abbé, l'expression de mes sentiments bien dévoués.

[...]

Imprimerie A. Radenez, à Montdidier (Somme).